AF460651

BAIL
DE LA
FERME GENERALE
DU TABAC,

DANS LA VILLE D'AVIGNON ET ESTAT VENAISSIN.

Appartenant à la Chambre Apoſtolique & Legation d'Avignon, ſur tout le Tabac qui ſera vendu dans la Ville d'Avignon & Comtat Venaiſſin, pendant huit années & ſix mois, à commencer du premier Avril 1734. pour finir au dernier Septembre 1742.

Ledit Bail fait à FRANÇOIS CORNELLI.

Du 31. Mars 1734.

Sur l'imprimé à Avignon.

M. DCCXXXIV.

PHILIPPE BONDELMONTI,

CHEVALIER DE L'ORDRE DE S. JEAN de Jerusalem, Referendaire de l'une & l'autre signature de N. S. Pere le Pape, Vice-Legat & Gouverneur general en cette Cité & Legation d'Avignon, & Sur-Intendant des armes de Sa Sainteté en cet Estat.

SÇACHENT tous, que l'an mil sept cens trente-quatre, & le trente-uniéme & dernier jour du mois de Mars, pardevant Monseigneur Illustrissime & Reverendissime PHILIPPE BONDELMONTI, Referendaire de l'une & l'autre Signature de nostre Saint Pere le Pape, Vice-Legat & Gouverneur en la Legation d'Avignon, & Sur-Intendant general des Armes de Sa Sainteté en cet Estat; & Nous Secretaire d'Estat pour nostre Saint Pere le Pape, & Archiviste de la reverende Chambre Apostolique en ladite Legation, soussigné, & en presence des témoins à la fin nommez. Fut present Illustre Seigneur Messire Loüis Gabriel de Benoit, Avocat & Procureur general de N. S. P. en cette Legation, lequel procedant par l'ordre exprès de mondit Seigneur Illustrissime & sous son authorité, en execution du Traité & Concordat passé entre les Commissaires de Sa Sainteté, & de Sa Majesté Très-Chrestienne, signé à Paris le onze de ce mois, en vertu de leurs commissions & pleins-pouvoirs; & encore en consequence de l'ordre exprès de la Cour de Rome, qui a esté expedié à mondit Seigneur par la Lettre de la Secretairerie d'Estat, datée du vingt Fevrier dernier, lesquelles pieces seront icy inserées avant la clause de quoy, après avoir esté dûëment registrées aux Archives de cette Legation: Lequel Sr de Benoit Avocat general, sous l'autorité & du gré de mondit Seigneur Illustrissime, de son gré, A ARRENTÉ ET BAILLÉ A FERME pour & au nom de Sa Sainteté, & de la Reverende Chambre Apostolique, à Sieur François Cornelli bourgeois citoyen de cette ville, tant pour luy que pour ceux à qui il fera cession & transport des presentes, stipulant & acceptant, le droit & privilege exclusif de la vente & fabrication du tabac; comme aussi celuy de vendre ou faire vendre les differentes especes de tabac en poudre & en corde, necessaires à la consommation & usage des habitans de toute l'estenduë de la ville d'Avignon, & Comtat Venaissin, aux prix mentionnez dans le Reglement fait par sa Seigneurie Illustrissime, & ce par privilege exclusivement à tous autres, pendant le temps de huit années & six mois; lesquels six premiers mois commenceront le premier Avril prochain, & finiront le dernier Septembre de la presente année; & à l'égard des huit années, elles commenceront au premier Octobre aussi prochain, pour finir le dernier Septembre 1742. & seront alors complettes & revoluës; ayant esté convenu avec Messire Pierre Grimod du Fort, Ecuyer, Fermier general de Sa Majesté Très-Chrestienne, chargé de procuration, que le present bail ne seroit passé que pour huit années & six mois, au lieu de neuf années, ainsi qu'il est stipulé par le traité, & ce pour cette premiere fois seulement, attendu que les baux des fermes generales en France, n'ont leur commencement qu'au premier Octobre, pour finir au dernier Septembre. Et pour le prix du present bail pour la vente exclusive du tabac, & les autres clauses convenuës & exprimées dans le susdit traité, ledit Sieur Cornelli payera la rente de deux cens trente mille livres par chacun an, en especes sonnantes, au cours & valeur de France, & non en papier de quelque espece qu'il puisse estre; lequel bail sera renouvellé à son escheance, & au premier Octobre de l'année 1742. pour neuf années, au même prix, clauses & conditions ainsi continuées de neuf années en neuf années, Sa Majesté Très-Chrestienne s'estant chargée à chaque renouvellement qui sera fait du bail de ses fermes, de faire prendre le bail du tabac, par ceux qui auront alors la regie & administration de la ferme generale du tabac en France. Laquelle susdite rente de deux cens trente mille livres par chacun an, tant pour raison du privilege de la vente exclusive du tabac, que pour l'indemnité des cultivans & fabriquans de tabac, & toiles peintes & indiennes, dont la fabrication & la vente ont esté deffenduës par le reglement de mondit Seigneur Illustrissime, publié cejourd'huy, ledit Sieur François Cornelli a promis & promet de payer, & de faire expedier à la Reverende Chambre Apostolique, & pour elle à son Tresorier & dépositaire general, en deux payemens égaux de cinquante sept mille cinq cens livres chacun, la somme de cent quinze mille livres, pour la joüissance de six mois, qui commenceront demain premier Avril, & finiront au dernier Septembre prochain; lesquels deux payemens se feront ledit jour premier Avril, & premier Juillet prochains; & pour les huit années suivantes, en quatre payemens égaux de cinquante-sept mille cinq cens livres, en especes sonnantes comme dessus, chacun de trois mois en trois mois, dont le premier commencera au premier Octobre, le second au premier Janvier, le troisieme au premier Avril, & le quatrieme au premier Juillet de chaque année de la presente ferme, lesquels payemens ne pourront estre faits que par acquit public aux actes des Archives: Pour de ladite ferme ledit Sieur Cornelli ou ses ayans cause, joüir, faire & disposer, conformement au susdit reglement lû & publié cejourd'huy, & inseré à la fin du present acte, au nombre de vingt-cinq articles, que ledit Sieur Cornelli a promis & promet d'observer exactement; par lequel reglement mondit Seigneur Illustrissime auroit declaré que Sa Sainteté s'est reservée, à commencer du premier Avril, & à ses fermiers, le privilege exclusif de la fabrication, vente & débite de tabac de toute espece, qui se consommeront dans l'estenduë d'Avignon, & Comtat Venaissin, & a fait deffenses à cet effet à tous les habitans dudit Avignon, & dudit Comtat Venaissin, de quelque estat, qualité & profession qu'ils soient, d'en fabriquer, vendre & débiter, même d'ensemencer, planter & cultiver à l'avenir aucuns tabacs dans leurs terres, jardins & vergers, & autres lieux situez esdits pays, sous quelque prétexte & dénomination que ce soit, & pour quelque usage que ce puisse estre; Et par le même reglement mondit Seigneur Illustrissime a fait encore connoistre les intentions de Sa Sainteté, sur ce qui sera observé par les Marchands & fabriquans d'Avignon, & Comtat Venaissin, qui auront en leur possession des toiles peintes ou tabacs au premier Avril, & establi les peines qui seront prononcées contre les fraudeurs ou contrebandiers qui fabriqueront, vendront ou favoriseront le commerce des tabacs ou toiles peintes: Et par lequel susdit reglement, encore mondit Seigneur Illustrissime a déterminé la procedure qui devra estre suivie pour les faire prononcer, & les Officiers devant lesquels Sa Sainteté entend que ledit Sieur François Cornelli, ses procureurs ou ayans cause, se pourvoient dans les differens cas qui pourront se presenter. Desquelles susdites choses cy-devant exprimées, ledit Sieur Avocat general, au nom de Sa Sainteté & de la Reverende Chambre Apostolique, sous l'authorité & ordre cy-dessus, se dessaisissant & dévestissant, en a saisi & investi ledit Sieur François Cornelli par tous actes en semblable cas requis, necessaires & accoustumez, & expediez en la meilleure forme: Promet & s'oblige, en la même qualité, garantir, faire, avoir, joüir & tenir, & faire religieusement garder & observer par les sujets de Sa Sainteté, de quelque estat, qualité & profession qu'ils soient, sans nul excepter, audit Sieur François Cornelli, & ceux qui auront de luy droit & cause, conformement audit traité. Promet de plus mondit Sieur Procureur general audit nom, faire joüir les tabacs que ledit Sieur fermier, ou ses procureurs & ayans cause, feront venir & entreposer dans le bureau d'Avignon, & en feront sortir pour estre portez dans les differentes villes & lieux du Comtat, de tous droits de peage, passage & autres mis & à mettre, conformement aux Bulles des Souverains Pontifes, accordées à la ville d'Avignon, & ce dans les terres de Sa Sainteté, à l'exception toutefois du droit de pontanage qui se leve & perçoit au passage des bestes & voitures, pour l'entretien desdits passages.

Le present acte & tout son contenu, lesdites parties, le tout en ce que chacune concerne dûë stipulation de part

& d'autre intervenant, ont promis & promettent avoir à gré & n'y contrevenir, ſous l'obligation de tous dépens, dommages & intereſts, qu'à faute de ce s'en pourroient enſuivre; & pour ce faire ont ſoûmis & obligé, ſçavoir, ledit Sieur de Benoit Avocat & Procureur general, tous & chacuns les biens, rentes, revenus & émolumens de la Reverende Chambre, tant ſeulement, & ledit Sieur Cornelli, tous & chacuns ſes biens preſens & à venir, & ſa perſonne propre aux priſons, arreſts & contraintes des Cours ſpirituelles & temporelles d'Avignon, & du Comtat, & de toutes autres & chacunes d'icelles, en la meilleure forme de la Reverende Chambre, & autres requiſes, ainſi l'ont promis, juré & renoncé, auſquelles choſes mondit Seigneur Illuſtriſſime a interpoſé ſon authorité, & du tout décerné acte.

Suit la teneur des pieces cy-devant énoncées.

ARTICLES

ARTICLES CONVENUS ET ACCORDEZ entre Messire RAYNIER D'ELCI, Archevesque de Rhodes, Nonce Apostolique près de Sa Majesté Très-Chrestienne, Commissaire député de Sa Sainteté, d'une part; & le Sieur ANTOINE-LOUIS ROÜILLÉ, Chevalier, Comte de Joüy, Conseiller du Roy en ses Conseils, Maistre des Requestes ordinaire de son Hostel, Intendant du commerce, Commissaire député de Sadite Majesté Très-Chrestienne; d'autre; pour le restablissement du commerce entre les habitans de la Ville d'Avignon & du Comtat Venaissin, & les Sujets de Sadite Majesté, après, par lesdits Sieurs Commissaires, s'estre communiquez respectivement leurs pouvoirs.

ARTICLE PREMIER.

SA SAINTETÉ fera deffenses aux habitans de la ville d'Avignon, & du Comtat Venaissin, de peindre & imprimer à l'avenir aucunes toiles de quelque espece qu'elles soient, vieilles ou neuves, de faire commerce desdites toiles, & d'avoir même des moules propres à peindre les toiles.

II.

SA Sainteté declarera qu'à commencer du premier Avril prochain, Elle se reserve & à ses fermiers, le privilege exclusif de la fabrication, vente & débit des tabacs

B

de toute eſpece, qui ſe conſommeront dans l'eſtenduë d'Avignon, & du Comtat Venaiſſin. Deffenſes ſeront faites à cet effet, à tous les habitans d'Avignon, & du Comtat Venaiſſin, de quelque eſtat, qualité & profeſſion qu'ils ſoient, d'en fabriquer, vendre & débiter, même d'enſemencer, planter & cultiver à l'avenir aucuns tabacs dans leurs terres & jardins, vergers & autres lieux ſituez eſdits pays, ſous quelque prétexte & dénomination que ce ſoit, & pour quelque uſage que ce puiſſe eſtre.

III.

IL ſera paſſé, de l'authorité de Sa Sainteté, aux fermiers generaux du tabac de Sa Majeſté Très-Chreſtienne, ſous le nom d'un bourgeois d'Avignon, un bail pour neuf années, qui commenceront au premier Avril prochain ; & ſera le prix dudit bail, tant pour raiſon du privilege de la vente excluſive du tabac, que pour l'indemnité des cultivans & fabriquans de tabac & toiles peintes, fixé à la ſomme de deux cens trente mille livres par année; laquelle ſomme ſera payée par leſdits fermiers generaux, en eſpeces ſonnantes, au cours & valeur de France, de trois en trois mois, & par avance: Et ſera ledit bail à ſon eſcheance, renouvellé aux mêmes prix, clauſes & conditions, ſe chargeant Sa Majeſté Très-Chreſtienne, à chaque renouvellement qui en ſera fait, de faire prendre ledit bail par ceux qui auront alors la regie & adminiſtration de ſa ferme generale du tabac.

IV.

LESDITS Fermiers generaux auront, en vertu dudit bail, le privilege excluſif de la vente du tabac dans

Avignon & le Comtat Venaiſſin, aux mêmes prix qu'ils les vendent en France ; & pourront à cet effet eſtablir des magaſins, bureaux & entrepoſts en tels nombres, villes & lieux qu'ils jugeront à propos, pour la vente en gros & en détail des tabacs de toute eſpece. Deffenſes ſeront faites à tous Officiers & autres perſonnes de quelque qualité & condition qu'elles ſoient, de les troubler ni leurs commis, dans leurs eſtabliſſemens & fonctions, à peine de deſobéïſſance, & de tous dépens, dommages & intereſts.

V.

ESTANT neceſſaire, pour mettre les fermiers generaux en eſtat de joüir dudit privilege, & aſſûrer l'execution des deffenſes, qui, conformement aux articles premier, II. & IV. cy-deſſus, ſeront faites par Sa Sainteté, de faire connoiſtre ſes intentions ſur ce qui ſera obſervé par les marchands & fabriquans d'Avignon, & du Comtat Venaiſſin, qui auront en leur poſſeſſion des toiles peintes, ou tabacs au premier Avril prochain, d'eſtablir les peines qui ſeront prononcées contre les fraudeurs & contrebandiers, qui fabriqueront, vendront, ou favoriſeront le commerce des tabacs ou toiles peintes, enſemble de déterminer la procedure qui devra eſtre ſuivie pour les faire prononcer, & les Officiers devant leſquels Sa Sainteté entend que les fermiers generaux ſe pourvoient, dans les differens cas qui pourront ſe preſenter, Sa Sainteté fera expedier un reglement dont les diſpoſitions ſeront conformes au projet qui en a eſté par nous dreſſé, contenant vingt-ſix articles ; lequel projet par nous ſigné & paraphé, demeurera annexé à la minute du preſent accord ; & ledit reglement ſera publié dans la ville d'Avignon, & le Comtat

Venaiſſin, pour y eſtre executé à commencer dudit jour premier Avril prochain.

VI.

SA MAJESTÉ retablira les Habitans de la Ville d'Avignon & du Comtat Venaiſſin, dans tous les droits, privileges, franchiſes & exemptions contenus aux Lettres patentes du mois de Mars 1716. pour en joüir par eux ainſi qu'ils en ont joüi avant les arreſts rendus en ſon Conſeil les 10. Juin & 30. Octobre 1731. 29. Janvier & 23. Decembre 1732.

VII.

POUR favoriſer de plus en plus le commerce des Habitans de la Ville d'Avignon & du Comtat Venaiſſin, Sa Majeſté Très-Chreſtienne ordonnera qu'à commencer au premier Avril prochain, le droit de quatorze ſols par livre, qui eſt eſtabli & perçû à l'entrée du Royaume ſur les Soyes originaires d'Avignon, & dudit Comtat Venaiſſin, de quelque qualité qu'elles ſoient, ouvrées & non ouvrées, torſes, crûës ou teintes, ſera & demeurera reduit à ſept ſols pour chaque livre peſant deſdites ſoyes.

VIII.

LES ſoyeries d'Avignon & du Comtat Venaiſſin, qui conformement aux arreſts des premier Aouſt 1716. & 26. Mars 1722. payent à l'entrée du Royaume les deux tiers en ſus des droits que payent les ſoyeries originaires, ne payeront plus, à commencer du premier Avril prochain & pour toûjours à l'avenir, que la moitié en ſus des droits impoſez, ou qui ſeront impoſez ſur les étoffes de

France : Et dans le cas où Sa Majesté Très-Chrestienne voudroit descharger de tous droits les soyeries originaires, celles d'Avignon & du Comtat ne payeront alors pour tous droits, que la moitié de ceux actuellement imposez sur les soyeries originaires.

IX.

POUR faciliter aux Habitans de la Ville d'Avignon & du Comtat Venaissin, le commerce & la communication respective des marchandises & denrées qu'ils pourroient avoir besoin de se fournir mutuellement, il leur sera permis dans les cas où ils seront obligez d'emprunter les terres de France, de les y faire passer sans payer aucuns droits ; à la charge par les proprietaires ou conducteurs desdites marchandises & denrées, d'en faire leur declaration dans les premiers Bureaux, & de prendre des acquits à caution pour les marchandises & denrées sujettes aux droits : Cette liberté gratuite du transit n'aura pas lieu cependant pour les soyes & cocons, ni pour les étoffes de soye & de laine, qui ne pourront entrer dans le Royaume sans payer les droits qui sont imposez par les arrests & reglemens.

X.

LES habitans de la Ville de Valreas, & autres Communautez de l'enclave du Haut-Comtat, pourront faire le commerce dans le Dauphiné, & y seront traitez comme les naturels de ladite province ; à la charge par eux de payer annuellement au profit des fermiers generaux de Sa Majesté Très-Chrestienne, les sommes portées par l'abonnement fait en 1727. entr'eux & lesdits habitans & Communautez.

XI.

SADITE Majeſté ordonnera à l'adjudicataire de ſes fermes generales, de reſtablir dans l'iſle de la Barthelaſſe, le bureau qui y eſtoit anciennement, & qui eſt aujourd'huy à Villeneuve.

XII.

LES fermiers generaux, à commencer du premier Avril prochain, ne vendront le ſel dans le Comtat Venaiſſin, que le meſme prix qu'ils ſont authoriſez de le vendre dans la Ville d'Avignon, ſans qu'ils puiſſent, ſous ce prétexte, prétendre aucune diminution ſur le prix du bail des gabelles d'Avignon, dont ils joüiſſent.

XIII.

LE preſent Traité ſera approuvé & ratifié par Sa Sainteté, & par Sa Majeſté Très-Chreſtienne, & les ratifications en ſeront fournies dans l'eſpace de ſix ſemaines du jour de la ſignature, ou pluſtot s'il eſt poſſible.

EN foy de quoy, Nous Commiſſaires de Sa Sainteté & de Sa Majeſté Très-Chreſtienne, en vertu de nos commiſſions & pleins-pouvoirs reſpectifs, avons eſdits noms, ſigné ces preſentes de nos ſeings ordinaires, & à icelles fait appoſer le cachet de nos Armes. FAIT à Paris, le onze Mars mil ſept cens trente-quatre. *Signé* DELCY, Archeveſque de Rhodes. ROÜILLÉ.

MOlt. Illmo. e mto. Rdo. come frêllo. Eſſendoſi vltimamente inviate a Monſr.

MONSEIGNEUR, on vient d'envoyer à M. le Nonce à Paris les

Nuncio in Parigi, le necessarie facolta per sottoscrivere il trattato sopra le note differenze, nella forma expressa n'e trenta due articoli stabiliti tra esso Mons. Nuncio, & il Ministro deputato della Corte sù questo affare: siccome la base di tuto il sudº. Trattato consiste nella total spiantazione del Tabaco in cotesto Stato, e l'introduzione di un appalto da farsi da nostro Signore; cosi per l'adempimento di un tale accordo, sara necessario che in avenire si astenghino cotesti sudditi dal fare le sementi e le piantazioni che primà facevano; è però, primà che vi diano principio, e per che sia nota ad ogn'uno la determinazione di Sua Santita, dovera V. S. publicare Editto di proibizione delle dette sementi e piantazioni, da osservarsi indistintamente da tutti, sotto quelle pene che ella giudichera di dover cominare. Che tanto m'ordina la Santita Sua di commeterle,

pouvoirs necessaires pour signer le Traité au sujet des affaires d'Avignon & du Comtat, de la maniere que M. le Nonce en est convenu avec le Ministre que la Cour de France a député à cette occasion, lequel Traité contient trente-deux articles. La base du concordat est la suppression du Tabac dans le Comtat, & l'establissement d'une Ferme par Sa Sainteté; il faut donc pour l'execution de cet article, que les Sujets du Comtat cessent à l'avenir de semer & de planter du Tabac; & pour qu'ils cessent veritablement la plantation, il faut, avant qu'ils s'y preparent, leur intimer les intentions de Sa Sainteté. C'est pourquoy, vous ferez publier de sa part ordre à toute sorte de personnes indistinctement, sous les peines que vous jugerez convenables, de se conformer à sa volonté. Je vous écris par son ordre, & prie Dieu qu'il vous ait, MONSEIGNEUR, *e le auguro dal cielo vera felicita. Roma 20. Febraro 1734. D. V. S. come frèllo sottoscrito. G. Card. FIRRAO.* E più basso, *Mons. Vice-Legato d'Avignone.*

en sa sainte garde. A Rome le 20. Fevrier 1734. *Signé* G. Card. FIRRAO. *Et au bas,* à Monseigneur le Vice-Legat d'Avignon.

ORDONNANCE

ORDONNANCE
DE LA
LEGATION D'AVIGNON,

Portant Reglement pour l'exploitation de la Ferme du Tabac, & la deffense de peindre, vendre & debiter aucunes Toiles peintes, &c.

Du 31. Mars 1734.

PHILIPPE BONDELMONTI, Chevalier de l'Ordre de Saint Jean de Jerusalem, Referendaire de l'une & de l'autre signature de N. S. Pere le Pape, Vice-Legat & Gouverneur general en cette Ville & Legation d'Avignon, & Sur-Intendant general des armes de S. S. en cet Estat.

PAR nos ordonnances des dix-neuf & vingt-six du present mois, nous avons, en consequence du concordat & traité passé entre les Commissaires de Sa Sainteté & de Sa Majesté Très-Chrestienne, signé à Paris le onze de ce mois, en vertu de leurs commissions & pleins pouvoirs, contenant treize articles; & encore en consequence de l'ordre exprès de la cour de Rome, qui nous a esté expedié par la lettre de la secretairerie d'Estat, en date du vingt Fevrier dernier, joint & annexé à la minute des presentes, après avoir esté dûëment enregistré aux archives de cette Legation ; fait differentes deffenses concernant la culture & plantation des tabacs, la fabrique, vente & transport des toiles peintes & indiennes, & donné nos ordres, tant pour le rapport, livraison & la remise desdits tabacs & indiennes dans les magasins qui ont esté par nous indiquez : Et estant necessaire presentement de faire expedier, au desir de l'article V. & conformement audit traité, un reglement, qui mette le fermier general auquel il sera passé bail de la vente exclusive du tabac dans cet Estat, de joüir tant dudit privilege, que pour assurer les deffenses portées par les articles contenus au même traité, de faire connoître les intentions de Sa Sainteté, sur ce qui sera observé par les marchands & fabriquans d'Avignon, & du Comtat Venaissin, qui auront en leur possession des tabacs ou toiles peintes au premier Avril prochain ; comme aussi d'indiquer les peines qui seront prononcées contre les fraudeurs ou contrebandiers qui fabriqueront, vendront ou favoriseront le commerce des tabacs ou toiles peintes, ensemble de déterminer la procedure qui devra estre suivie pour les faire prononcer, & les Officiers devant lesquels Sa Sainteté entend que le fermier se pourvoye dans les differents cas qui pourront se presenter.

Après avoir oüi M. l'Avocat & Procureur general en cette Legation, nous ordonnons par ce reglement perpetuel & irrévocable, & declarons.

ARTICLE PREMIER.

NOTRE Saint Pere s'est reservé & se reserve dès à present, & pour l'avenir, à soy & à ses fermiers, le privilege exclusif du commerce, fabrication, vente & debit du tabac de toute espece, qui se consommera dans toute l'étenduë de l'Estat d'Avignon, & Comtat Venaissin ; deffendons de sa part, & de son exprès commandement, à tous ses sujets, de quelque qualité & condition qu'ils soient en cet Estat, de peindre & imprimer aucunes toiles & indiennes de quelque espece que ce soit, vieilles ou neuves, de faire commerce & vendre lesdites toiles peintes & indiennes, & d'avoir des moules propres à les peindre, à peine de confiscation & des amendes cy-après prononcées.

II.

D'AUTANT que plusieurs personnes, marchands, fabriquans & autres, pourroient avoir des toiles peintes & des tabacs cachez dans ledit Estat, sous divers pretextes, qui n'auroient pas esté declarez & remis dans les magasins du fermier, dans les délais prescrits par nos ordonnances, que nous renouvellons en tant que besoin seroit, & par ce moyen porter préjudice à l'effet du bail qui sera passé, nous ordonnons que toutes les toiles peintes, indiennes & tabacs qui seront trouvez chez quelques personnes de quelque qualité & condition qu'elles soient dans ledit Estat, après l'expiration des délais cy-devant prescrits, seront confisquez au profit dudit sieur fermier, & à luy remis, & les proprietaires ou recelateurs condamnez à l'amende de dix marcs d'argent pour chacune contravention.

III.

SA Sainteté permet & authorise ledit sieur fermier ou ses ayans cause, à establir des magasins, bureaux & entreposts en cette Ville, & en tel nombre & autres villes & lieux qu'ils jugeront à propos, pour la vente en gros & en détail des tabacs de toute eſpece, ſans qu'aucuns Officiers du preſent Eſtat, & toute autre perſonne de quelque eſtat, qualité & condition qu'elle ſoit, puiſſent les troubler, ni leurs commis, dans leurs eſtabliſſemens & fonctions, à peine de deſobéïſſance, & de tous dépens, dommages & intereſts.

I V.

POURRA auſſi ledit fermier mettre dans le preſent Eſtat, telles quantitez de tabac qu'il aviſera bon eſtre pour la debite, proviſion & fourniſſement des villes & lieux du preſent Eſtat; tout lequel tabac ne pourra eſtre ſaiſi, arreſté ni ſequeſtré, pour quelque cauſe & occaſion que ce ſoit, ains ſera ſous la ſauve-garde & protection ſpeciale de Sa Sainteté, franc & libre de toute hypotheque, ſauf pour l'affectation du payement de la ſomme convenuë & eſtablie pour la vente & diſtribution deſdits tabacs dans la ville d'Avignon & le Comtat, & tel nombre de debitans qu'il jugera à propos, à ſon choix.

V.

POURRA ledit fermier vendre ou faire vendre les differentes eſpeces de tabacs en corde & en poudre, neceſſaires à la conſommation & uſage du païs; ſçavoir, les tabacs en corde juſqu'à cinquante ſols la livre en gros, & juſqu'à ſoixante ſols la livre en détail; & les tabacs en poudre juſqu'à vingt francs la livre les ſuperieurs, & les communs juſqu'à dix francs auſſi la livre, ſoit en gros ou en détail; le tout au poids du païs.

V I.

NE ſera permis à aucunes perſonnes, & leur deffendons, pendant ledit temps, de filer, façonner & preparer, à compter du premier Avril prochain, dans l'eſtenduë de cet Eſtat, aucun tabac en cordre, en poudre ou autrement, ſous peine de confiſcation des tabacs, meubles, uſtenſiles & drogues, de dix marcs d'argent d'amende contre les proprietaires des manufactures,& de trois mois de priſon contre les ouvriers qui auront eſté trouvez travaillant dans leſdites manufactures.

V I I.

DEFFENDONS pareillement à toutes perſonnes de quelque qualité & condition qu'elles ſoient, d'introduire, tranſporter, conduire, eſcorter, vendre, debiter & trafiquer de quelque maniere, & ſous quelque pretexte que ce puiſſe eſtre, à compter du premier Avril prochain, aucun tabac de contrebande dans toute l'eſtenduë de cet Eſtat, à peine de confiſcation, tant des tabacs, que des chevaux, charrettes, coches, & generalement de tous les équipages & effets qui auront ſervi à tranſporter, voiturer & couvrir les tabacs, & encore d'eſtre condamnez aux peines cy-après.

V I I I.

DECLARONS tous les tabacs, qui ne ſe trouveront pas marquez des plombs & cachets dont le fermier aura dépoſé les empreintes aux greffes des juriſdictions, auſquelles la connoiſſance des contraventions ſera attribuée, tabacs de contrebande, & comme tels ſeront ſaiſis & confiſquez au profit du fermier, ainſi qu'il eſt porté en l'article precedent.

IX.

TOUS & chacun les ſujets de Sa Sainteté, & autres perſonnes, même eſtrangers, qui ſeront trouvez ſaiſis, ſoit ſur eux, ſoit dans les lieux de leur domicile, en tranſportant & conduiſant dans l'eſtenduë de l'Eſtat d'Avignon & Comtat Venaiſſin, des tabacs de contrebande & toiles peintes, ſeront, outre les confiſcations cy-devant mentionnées, condamnez, ſçavoir, pour le tabac, en trois cinquiemes de marc d'argent d'amende, depuis une livre juſqu'à dix ; en dix marcs d'argent, depuis dix juſqu'à cinquante livres ; & en vingt marcs d'argent d'amende, au-deſſus de cinquante livres ; & pour les petites parties au-deſſous de la livre, ils ſeront punis ſous la peine arbitraire que nous jugerons convenable, ſuivant l'exigence des cas ; & pour les toiles peintes, en dix marcs d'argent d'amende, le tout pour la premiere fois; leſquelles amendes ſeront doublées pour la deuxieme fois, & ainſi augmentées à proportion des recidives.

X.

ORDONNONS en outre, que tous vagabonds & gens ſans aveu, artiſans, voituriers, gens de campagne, & autres perſonnes de pareille qualité, qui ſeront trouvez dans l'eſtenduë de l'Eſtat d'Avignon & Comtat Venaiſſin, portant, conduiſant & eſcortant des tabacs de contrebande ou toiles peintes, ſeront arreſtez & remis dans les priſons les plus prochaines du lieu où ils auront eſté arreſtez, pour leur procès eſtre fait par les Juges commis à cet effet, & eſtre condamnez, ſçavoir, ceux qui auront eſté pris au nombre de trois, & au-deſſus, avec armes, en dix marcs d'argent d'amende chacun, pour la premiere fois; en vingt marcs d'argent d'amende aussi chacun, en cas de recidive : & les attroupez sans armes, en six marcs d'argent chacun pour la premiere fois, en douze marcs d'argent d'amende aussi chacun pour la seconde fois, le tout solidairement entr'eux, à proportion en cas de plus amples recidives, & à défaut de payement, suivant les loix du païs.

X I.

DEFFENDONS à tous les sujets de cet Estat, de quelque estat, qualité & profession qu'ils soient, même aux communautez religieuses, d'ensemencer, planter & cultiver, à compter du jour de la publication du present reglement, aucuns tabacs dans leurs terres, jardins, vergers, & autres lieux situez dans l'étenduë de l'Estat d'Avignon & Comtat Venaissin, sous quelque pretexte & dénomination que ce soit, à peine de confiscation, & d'estre en outre (les cultivans qui joüiront, ou feront valoir actuellement, soit à titre de proprieté ou de fermage, les terres ensemencées ou plantées en tabac) condamnez en l'amende de trente marcs d'argent, & autres peines, suivant ce qui sera jugé par nous : & seront de nostre authorité, & par les Officiers de Sa Sainteté, faites toutes recherches & perquisitions en toutes maisons, convens, monasteres & autres lieux requis par le fermier ; pour raison de quoy nous donnons dès-à-present tous les pouvoirs necessaires, & ferons prester main-forte & assistance audit fermier, ses commis & préposez.

X I I.

NE pourront pareillement les dénommez au precedent article, avoir ni garder aucunes graines de tabac, à peine de confiscation desdites graines, & de vingt marcs d'argent d'amende.

XIII.

SERA permis audit fermier d'establir & commettre des gardes en tel nombre, & aux villes & lieux qu'il jugera necessaire, à l'effet de saisir les toiles peintes, indiennes, & tabacs de contrebande, & d'arrester les fabriquans desdites toiles peintes ou ceux qui en feront commerce, de même que les porteurs, conducteurs & vendeurs de tabac de contrebande, ensemble les équipages & bestiaux servant au transport desdits tabacs & toiles peintes. Permettons ausdits employez & gardes, de faire la recherche & saisie des tabacs qui pourroient avoir esté recelez, entreposez, ou fabriquez en fraude ; comme aussi de proceder à la déplantation du tabac qui pourroit avoir esté cultivé au préjudice de nos deffenses, pour le tout estre remis au plus prochain bureau du fermier, & estre procedé contre les coupables par confiscation desdites toiles peintes, tabacs & équipages, & aux amendes prononcées dans les articles II. VI. IX. X. XI. & XII. de nostre present reglement; lesquels employez ou gardes seront des Sujets de N. S. Pere, ou domiciliez dans cet Estat, & prendront patentes pour l'exercice de leurs charges de nous, signées & scellées de nostre sceau, nostre Secretaire d'Estat & Archiviste écrivant, ausquels nous les ferons expedier de la même forme que celles pour le sel : Seront tenus lesdits gardes de prester serment en tel cas requis, & avec ce auront pouvoir de faire toutes sortes de saisies, arrests & sequestrations des toiles peintes, tabacs, graines de tabac & déplantations desdits tabacs : Ne pourront toutefois les gardes faire aucunes recherches ou saisies domiciliaires, de toiles peintes ou tabac de contrebande, dans les maisons, chasteaux,

chaſteaux, convens, monaſteres & autres lieux requis par le fermier, qu'en preſence & aſſiſtance d'un officier de Sa Sainteté, qui ſoit Clerc, ou toute autre perſonne Eccleſiaſtique ſur ce par nous dûëment commiſe une fois pour toutes, & à noſtre choix, nous reſervant de le changer à noſtre arbitre, à l'égard des convens, monaſteres & maiſons Religieuſes; & en la preſence des Magiſtrats ordinaires, leurs Lieutenans, ou de l'un des Sieurs Conſuls, ou principaux habitans, à l'égard des chaſteaux, maiſons & autres lieux; leſquels Officiers, Magiſtrats ou Commiſſaires, avant d'entrer dans leſdites maiſons, chaſteaux, convens, monaſteres & autres lieux, feront viſiter leſdits employez ou-gardes, pour voir s'ils ne porteront & n'auront ſur eux ni toiles peintes en pieces, ni coupons, ni tabac de contrebande : Enjoignons auſdits officiers de Sa Sainteté, Commiſſaires, Magiſtrats, Lieutenans, Conſuls & habitans, de tenir ſoigneuſement la main auſdites recherches, ſans aucun délay, & à la premiere requiſition qui leur en ſera faite par les employez ou gardes, à peine en cas de refus, de cent livres d'amende, & de repondre en leur propre & privé nom, des dommages & intereſts du fermier. Et afin que les employez ou gardes puiſſent vaquer ſûrement à leurs fonctions, & au dû de leurs charges, Nous mandons & ordonnons expreſſement à tous Officiers, Magiſtrats, Conſuls & autres ſujets de Sa Sainteté dans cet Eſtat, de preſter main-forte, faveur & aſſiſtance auſdits employez & gardes, pour raiſon de ce que deſſus, à leur premiere requiſition, ſous peine de pareille amende de cent livres, laquelle pourra eſtre augmentée ou diminuée ſuivant l'exigence des cas & noſtre déciſion.

XIV.

DEFFENDONS à tous les ſujets de Sa Sainteté, & à tous autres particuliers domiciliez dans cet Eſtat, de donner retraite aux fraudeurs & contrebandiers qui y tranſporteront, conduiront ou vendront des tabacs de contrebande, leur adminiſtrer aucuns vivres, fournir aucunes armes ou voitures, ni de ſouffrir qu'ils entrepoſent leſdits tabacs ou toiles peintes, dans leurs maiſons, jardins, enclos & autres lieux, à peine d'eſtre reputez fraudeurs, & d'eſtre en cette qualité ſujets aux peines eſtablies contre ces derniers.

XV.

CEUX qui auront contrefait les marques & cachets du fermier, dont les empreintes auront eſté dépoſées au greffe de l'Archiviſte, ou de ſes ſubſtituez dans les juriſdictions auſquelles la connoiſſance des délits ſera attribuée, ainſi que ceux qui les auront fait faire, s'en trouveront ſaiſis, ou s'en feront ſervis, ſeront outre la confiſcation des tabacs qui en auront eſté marquez, condamnez aux peines eſtablies contre leſdits fauſſaires par les loix du pays.

XVI.

LES conteſtations qui pourront ſurvenir ſoit au civil, ſoit au criminel, tant pour raiſon de la regie & exploitation de la ferme du tabac, & de la fabrication & commerce des toiles peintes dans l'Eſtat d'Avignon, & Comtat Venaiſſin, que par rapport aux fonctions & exercices des commis & gardes du fermier, ne pourront eſtre jugées par aucun officier de Sa Sainteté, ains ſeulement par nous & nos ſucceſſeurs Vice-legats, évoquant à nous toutes lesdites contestations; sauf au fermier, pour celles qui naîtront dans le Comtat, à se pourvoir si bon luy semble, pardevant M. le Recteur, ce qui sera au choix dudit Sieur fermier.

XVII.

LES Procez dans lesquels il ne s'agira que d'une simple saisie de tabac ou des toiles peintes, seront jugez sommairement; & il ne sera procedé extraordinairement par la voye du criminel, que dans le cas exprimé dans l'article suivant: Et à l'égard de la forme judiciaire, tant en matiere civile qu'en matiere criminelle, lesdites parties se conformeront aux statuts, loix & usages du pays, & à ce qui se pratique dans les causes du fisc concernant la Chambre Apostolique.

XVIII.

NOUS enjoignons & ordonnons aux officiers qui auront la connoissance des causes du tabac, & de la fabrication & commerce des toiles peintes, d'observer les formalitez usitées dans la procedure criminelle, lorsqu'il sera question de rebellion, de transport de tabac de contrebande, ou toiles peintes, avec attroupement & port d'armes, de falsification des cachets & marques du fermier, & lorsqu'une inscription de faux formée contre lesdits Procez-verbaux des commis & préposez du fermier, aura esté admise.

XIX.

ORDONNONS pareillement que les tabacs & les toiles peintes qui auront esté saisis aux fins de confiscation, seront remis dans les bureaux du fermier les plus prochains des lieux où les saisies auront esté faites ; deffendons à tous Juges d'exiger qu'ils soient déposez, ni même apportez à leur greffe en tout ou partie.

XX.

POURRA ledit fermier, sur une simple ordonnance des Juges qui prendront connoissance des causes du tabac, & de la fabrication & commerce des toiles peintes, faire vendre les chevaux & autres équipages servant au transport du tabac de contrebande & toiles peintes, les ustensiles propres à la fabrication desdites toiles, qui auront esté saisis sur les fraudeurs, ou par eux abandonnez, & ne pourront estre gardez sans perte : Ne pourra la main-levée de ces équipages & ustensiles, estre donnée que sur une bonne & suffisante caution, qui sera reçûë, le fermier appellé : Ne pourront les proprietaires des chevaux & voitures servant au transport du tabac de contrebande & toiles peintes, les reclamer & revendiquer, que dans les cas où le droit & les loix du pays permettent de le faire dans les causes du fisc ; c'est-à-dire, lorsque le proprietaire des voitures & chevaux justifiera qu'il n'est point participant de la fraude, à l'exception toutefois des fraudeurs, qui ne pourront user de ce droit.

XXI.

NE pourront les Juges, qui prendront connoissance desdites causes civiles & criminelles, moderer les peines ni reduire les amendes, sous quelque pretexte que ce puisse estre.

XXII.

LES confiscations appartiendront au fermier, pour en disposer comme bon luy semblera ; à l'égard des sommes provenant des amendes, elles ſeront diſtribuées en trois parties égales, dont une pour le fiſc, qui luy ſera payée indépendamment de tout accommodement que pourroit faire le fermier, à moins que le fiſc n'y ait conſenti, & les deux autres parts reſtantes appartiendront au fermier, pour en diſpoſer ou les garder à ſon profit, comme bon luy ſemblera ; ſans que cependant, ſous le pretexte de la preſente diſpoſition, le fiſc ou la chambre puiſſent forcer ledit ſieur fermier à luy payer le tiers qu'elle s'eſt reſervée, ſi ce n'eſt dans le cas qu'il auroit reçû le tiers de ladite amende, ou l'amende entiere.

XXIII.

CEUX des ſujets de Sa Sainteté, ou domiciliez dans le Comtat, & autres qui auront eſté condamnez en des amendes, ſeront tenus de les payer dans le mois du jour de la ſignification du jugement, faute de quoy ils y ſeront contraints par ſaiſies de leurs biens, meubles & immeubles, même par corps.

XXIV.

LES particuliers qui auront eſté condamnez en premiere inſtance par le premier juge, lorſque le fermier s'y adreſſera, ne pourront eſtre admis à appeller que pardevant nous, & ledit appel ne pourra eſtre admis, qu'après avoir conſigné les ſommes portées par la ſentence du premier juge, entre les mains du fermier ; lequel ſera tenu, ſous la caution de ſon bail, de rendre les ſommes conſignées dans le cas ſeulement où ledit fermier ſuccomberoit dans le jugement d'appel.

XXV.

MANDONS & ordonnons à tous les Officiers publics &

particuliers qu'il appartiendra, de tenir la main, chacun en droit soy, à l'execution du present reglement, & autres qui pourroient intervenir, de favoriser en tout & par tout les personnes qui seront préposées à l'establissement & à la regie de la ferme du tabac, aussi-bien qu'à la destruction de la fabrication & commerce des toiles peintes, lesquelles personnes nous mettons dès à present sous la sauve-garde & protection speciale de Sa Sainteté.

Et afin que les presentes soient notoires à un chacun, nous ordonnons estre publiées & affichées dans la presente Ville aux lieux & carrefours accoûtumez, & dans les villes & lieux de cet Estat, & que telle publication serve de personnelle intimation. Donné à Avignon, au Palais apostolique, ce trente-un Mars mil sept cens trente-quatre.

Signé PH. BONDELMONTI, Vice-Legat.

Vû, DE BENOIT, Avocat & Procureur general.

PINTAT, Secretaire d'Estat & Archiviste.

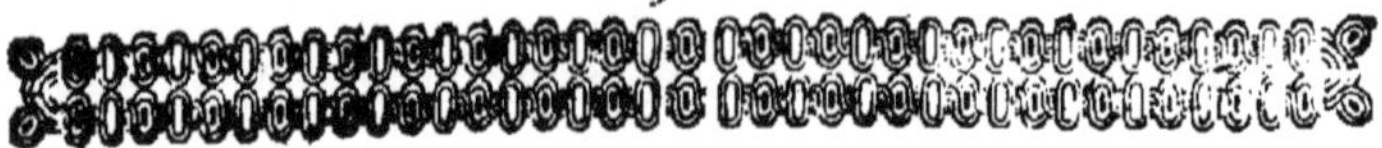

INSTRUCTION ET ORDRE

de M. du Fort, Fermier general, aux Receveurs des Bureaux des Fermes eſtablis à Avignon, & ſur la frontiere du Comtat, tant du coſté de la Provence & Languedoc, que du Dauphiné, & autres Employez deſdites Fermes, ſur l'execution de l'Arreſt du Conſeil d'Eſtat du Roy, du 16. du preſent mois de Mars 1734. pour faire joüir les Habitans de la ville d'Avignon & du Comtat, des avantages que Sa Majeſté a bien voulu leur accorder.

AUX termes de l'article II. dudit arreſt, leſdits receveurs & employez laiſſeront ſortir d'Avignon, & du Comtat, pour entrer dans le Royaume, les étoffes de ſoye & autres marchandiſes provenant de la fabrique & commerce des habitans deſdits lieux, aux mêmes conditions qu'il leur eſtoit permis de les introduire avant l'arreſt du 10. Juin 1731. Sa Majeſté ayant revoqué ledit arreſt; & cependant ils ſaiſiront, & arreſteront toutes les toiles peintes, dont Sa Sainteté a deffendu la fabrication & le commerce dans la ville d'Avignon & Comtat Venaiſſin.

Conformement à l'article III. les habitans de ce pays peuvent introduire dans le Royaume, les toiles de leur crû, fabrique & commerce; à la charge par eux de les declarer, & d'en acquitter les droits à l'entrée du Royaume, conformement aux reglemens & ſous les peines y contenuës, Sa Majesté ayant dérogé en leur faveur aux dispositions de l'arrest du 30. Octobre 1731. qui au surplus doit avoir son execution à l'égard des toiles fabriquées en écrû en Provence, Languedoc & Dauphiné, qui ne pourront estre envoyées à Avignon & dans le Comtat pour y estre blanchies, sans avoir esté au préalable marquées aux deux bouts de chaque piece, en noir avec de l'huile, des marques particulieres déposées aux Bureaux des traittes, où lesdites toiles doivent estre declarées & consignées, lorsqu'elles seront envoyées dans le Comtat, pour y estre blanchies.

Ils observeront de suivre les autres formalitez qui ont esté cy-devant reglées, pour assurer le retour desdites toiles ; & si quelque marchand s'immisçoit de vouloir representer dans lesdits bureaux des toiles de France blanchies dans le Comtat, sous la dénomination de toiles des fabriques du Comtat, qui ne fussent pas marquées, & qu'il ne les eût pas declarées comme toiles fabriquées dans le Comtat, aux offres d'en payer les droits, elles seront saisies & confisquées au profit de Desboves, & les proprietaires ou conducteurs condamnez aux peines portées audit arrest ; ce qui sera pareillement observé dans le cas où les empreintes, qui auroient dû y estre apposées, seroient fausses ou alterées.

Conformement à l'article IV. toutes les marchandises, denrées & bestiaux necessaires à la consommation des habitans de la ville d'Avignon & du Comtat, pourront y entrer, à la charge de payer simplement les droits ordinaires qu'elles payoient avant l'arrest du 10. Juin 1731. & ne seront plus sujettes aux droits domaniaux.

En

En execution de l'Article V. le droit de quatorze sols par livre, qui estoit establi & perçû à l'entrée du Royaume, sur les soyes originaires d'Avignon & du Comtat Venaissin, ayant esté réduit à sept sols par chaque livre pesant desdites soyes, de quelque qualité qu'elles soient, ouvrées & non ouvrées, crûës, torses, ou teintes, les Commis des Fermes en permettront le passage sur les acquits & expedition des commis establis pour les droits des soyes. Et à l'égard des soyes, cocons, fleurets, estrasses, filoselles, & fonds de bassines, que lesdits habitans voudroient faire entrer des provinces du royaume dans le Comtat, il en sera usé comme par le passé avant l'Arrest du 10. Juin 1731. & les droits ordinaires seront payez.

Article VI. les étoffes de soye des fabriques d'Avignon & du Comtat, ne payeront plus à l'avenir, à l'entrée dans le Royaume, que la moitié en sus des droits qui sont imposez aujourd'huy sur les étoffes de soye des fabriques & manufactures du Royaume ; & pour la perception de ce droit, ils se conformeront aux tarifs ordinaires anciennement establis.

Par l'article VII. Sa Majesté ayant restabli, & voulu faciliter le commerce & la communication respective des marchandises & denrées, que les habitans d'Avignon & Comtat Venaissin pourroient avoir occasion de se fournir mutuellement, à quelque titre que ce soit ; les employez des Fermes laisseront passer, sans payer aucun droit, sur les terres de Sa Majesté, qui sont enclavées dans le Comtat, lesdites marchandises & denrées, à la charge que les proprietaires & conducteurs en feront leurs declarations dans les premiers bureaux de la route, & prendront des acquits à caution pour celles sujettes seulement aux declarations ; desquelles obligations ils rapporteront certificat de déchargement du regratier, ou debitant de tabac du lieu du Comtat, pour lequel la marchandise aura esté destinée, à faute de quoy lesdites marchandises & denrées seront confisquées, avec amende contre les proprietaires & conducteurs d'icelles, lorsqu'elles seront rencontrées sur les terres de Sa Majesté, au de-là des bureaux où lesdites expeditions auroient dû estre prises ; lequel transit ne pourra cependant avoir lieu pour les soyes & cocons, ni pour les étoffes de soye & de laine, dont les droits dûs à l'entrée du Royaume, sur les étoffes de soye & cocons, seront perçûs dans le cas où elles emprunteront les terres de France.

Les traitez d'abonnement faits avec les habitans de la ville de Vaureas, & autres communautez de l'enclave du haut Comtat, seront renouvellez, & dès qu'il en apparoîtra ausdits commis & employez, ils les laisseront commercer dans le Dauphiné, comme les naturels de ladite province, sans payer aucuns droits.

Les employez du département de Languedoc, & principalement les receveurs & commis du bureau de Villeneuve d'Avignon, laisseront passer par la petite branche du Rhône, qui separe Avignon d'avec l'Isle de la Barthelasse, tous les bateaux qui descendront & remonteront le Rhône, pour la vérification des marchandises dont ils seront chargez, estre faite au bureau establi à la Barthelasse, ainsi & de la même maniere qu'il se pratiquoit avant l'Arrest du 8. Mars 1723. & ainsi de la même façon qu'il se pratique aujourd'huy pour les coches de Lyon.

Et pour nous assûrer de l'execution de nostre present ordre, M.[rs] les Directeurs establis à Marseille, Montpellier, & Valence, nous fourniront leur ampliation de s'y conformer, avec soûmission de le faire executer dans tous les Bureaux qui leur sont subordonnez.

FAIT à Avignon le 30. Mars 1734.

Signé DU FORT.

A PARIS,
DE L'IMPRIMERIE ROYALE.

M. DCCXXXIV.

www.ingramcontent.com/pod-product-compliance
Ingram Content Group UK Ltd.
Pitfield, Milton Keynes, MK11 3LW, UK
UKHW021044180726
13838UKWH00004B/1992

LE P. GRATRY

PIERRE REVAUX
Licencié-ès-lettres

LE P. GRATRY

Sa vie et ses doctrines

« Je le répète fièrement : *Serviteur*
« *et adorateur de la vérité seule*, voilà
« ce que je suis depuis mon enfance
« jusqu'aujourd'hui ».

GRATRY.

ÉDITIONS
DU « PETIT DÉMOCRATE »
16, BOULEVARD GAMBETTA, 16
LIMOGES

LIBRAIRIE VICTOR LECOFFRE
J. GABALDA ET Cie
30, RUE BONAPARTE, 30
PARIS

Prix : 0 fr. 30

NIHIL OBSTAT :

L. MARÉVERY

IMPRIMATUR :

Limoges, 21 novembre 1911.

G. LARTISIEN

V. G.

LE PÈRE GRATRY

Enfance et Jeunesse.

« Ce fut un grand esprit et un noble cœur », disait Léon XIII du P. Gratry. — Cette noblesse d'esprit et cette générosité de cœur auxquelles le grand pontife désirait que l'on rendît pleine justice, s'épanouissent dans l'œuvre entière de Gratry. On s'en rendra compte, nous osons l'espérer, en lisant cette modeste étude où nous avons particulièrement cherché à dégager la préoccupation constante du célèbre philosophe d'instaurer un ordre social chrétien sans lequel il ne saurait y avoir d'amélioration réelle du sort des humbles et de progrès véritable pour la société.

Alphonse Gratry est né à Lille, le 30 mars 1805. Ce n'étaient pas ses parents qui pouvaient faire de lui un chrétien : son père n'avait même pas fait sa première communion, et, sans avoir pour la foi de haine déclarée, il professait la plus complète indifférence. Sa mère ne connaissait que la religion naturelle. Tous deux cependant élevèrent l'enfant dans le culte de l'honneur et de la patrie, l'amour de la bonté, et surtout dans l'horreur du mensonge. La sincérité sera toujours le trait principal du caractère de Gratry.

Cette éducation pouvait faire un honnête homme, mais non pas un chrétien. Et cependant les parents de Gratry tinrent à ce qu'il fît sa première communion, et l'y préparèrent de leur mieux. L'influence de cet acte fut grande, mais elle ne tarda pas à s'effacer : l'enfant vivait dans un milieu où la foi avait disparu, mais où la morale, ainsi qu'il arrive souvent, était demeurée ; pour qu'il sentît le besoin de Dieu, il lui fallait connaître la vie et ses laideurs : elles allaient bientôt lui être révélées.

Après une première instruction reçue de sa mère, après de brillantes études au collège de Tours, Gratry vint à Paris comme élève de seconde au collège Henri IV. On sait ce qu'étaient les collèges de la Restauration, et quelles épreuves y subirent des chrétiens comme Montalembert. Gratry n'avait pas la même ferveur, et les quelques pratiques religieuses qu'il avait conservées depuis sa première communion n'étaient pas assez affermies pour résister. « Un jour vint où j'eus honte de me confesser. » La religion était l'objet des attaques des professeurs aussi bien que des élèves ; le jeune collégien croyait encore en Dieu, mais un Dieu vague, le Dieu du vicaire savoyard ; et surtout il avait horreur du clergé et du culte catholiques ; dans l'Église il ne voyait que mensonge, tyrannie, férocité ; il entendait sans cesse maudire l'Inquisition et la Saint-Barthélemy. C'est à ce moment que Dieu l'appela ; il nous a laissé dans ses *Souvenirs de jeunesse* le saisissant récit de cette vision :

C'était un soir d'automne. Nous venions de rentrer au collège après les vacances. Les élèves étaient au dortoir et chacun venait de se retirer dans sa cellule. Au lieu de me déshabiller, je m'étais assis sur mon lit, plongé dans mille réflexions agréables sur l'année classique qui s'ouvrait. Bientôt commença dans mon âme le discours intérieur que voici. L'ensemble et les détails sont gravés dans ma mémoire pour l'éternité, quelle que soit la puérilité du point de départ.

« Me voici en seconde année de rhétorique ; je suis le plus fort
« de ma classe et de mon collège, et peut-être le plus fort de
« tous les élèves de Paris. Aurai-je le premier prix d'honneur ?
« Ne pourrai-je point avoir tous les premiers prix au concours
« général ? *Tous*, c'est difficile ; mais trois ou quatre ; oui ! c'est
« très possible.

« L'année prochaine, en philosophie, j'aurai probablement le « prix d'honneur. Après cela je ferai mon droit. Serai-je le pre- « mier parmi les élèves de droit ? Aurai-je autant et plus de « science et de talent que celui qui en aura le plus ? Pourquoi pas ? « Je le vois déjà, les hommes travaillent peu ; très peu d'hommes « ont de la volonté, de la persévérance et de l'énergie. C'est une « mollesse et une atonie générales. Donc je l'emporterai si je le « veux bien, à force d'ardeur, de travail et de ténacité.

« J'apprendrai à parler et à écrire. Je parlerai et j'écrirai aussi « bien que ceux qui parlent ou écrivent le mieux. Je serai avocat, « très bon avocat. Je ne mentirai jamais ; car c'est absurde, impos- « sible et dégoûtant. Quand je défendrai une cause, on saura « qu'elle est juste ; quand je dirai quoi que ce soit, on sera cer- « tain que je le pense. J'acquerrai une belle position et une grande « fortune...

« Toujours est-il que voilà devant moi un bel avenir. Quel bon- « heur ! Courage ! Courage !

« Mon père, ma mère, et ma sœur seront heureux. J'aurai bien « des amis. J'achèterai une maison de campagne assez près de « Paris. Je me marierai. Oh ! quel choix ! et quel amour ! »

Telle fut la première partie de mon discours intérieur, qui s'arrêta ici pour faire place à une espèce de contemplation du bonheur de ma vie. En ce moment Dieu me donna une imagination étonnante de lucidité, de fécondité, de mouvement et de beauté. Je voyais se dérouler ma vie d'année en année dans un bonheur croissant ; je voyais les personnes, les choses, les événements, les lieux. Je voyais mon château, mes amis, ma famille ; la belle, l'admirable compagne de ma vie ; mes enfants, les joies, les fêtes, le bonheur intime, le bonheur partagé.

Je ne sais combien de temps dura cette contemplation ; c'était magnifique et saisissant. Tout le bonheur possible de la terre était concentré là.

Mais cette concentration avait son progrès. Tout allait toujours de mieux en mieux : et je disais toujours : Encore ! encore ! après ! après !

Aussi ne pouvais-je m'empêcher de voir qu'à telle époque de mon bonheur j'aurais tel âge, et je commençai à penser qu'alors mon père serait bien vieux, que peut-être il mourrait en ce temps-là... ma mère lui survivrait, mais peut-être pas plus de dix ans. Et si ma sœur mourait avant moi ! ! si tel et tel mourait ! Si je venais à perdre ma femme !... On a vu des hommes survivre à tous leurs amis, à toute leur famille, même à leurs enfants !... Oh ! que ce doit être triste !!!

L'étincelant soleil qui, un instant avant, dorait mon imagination, commençait à me donner une toute autre lumière. Un large et noir nuage passait devant le soleil. Tout pâlissait, et il fut inévitable de dire : Après tout cela, moi aussi je mourrai !

Il viendra un moment où je serai couché sur un lit, et je m'y débattrai pour mourir, et je mourrai, et tout sera fini.

Dieu donnait toujours à mon imagination la même force. Il me fit voir et sentir et goûter la mort, comme il venait de me faire voir, goûter et sentir la vie. Il est impossible d'exprimer avec quelle vérité je vis la mort, je la sentis toute entière. Elle me fut montrée, donnée, dévoilée. A l'heure réelle de la mort, je ne la verrai pas plus clairement ; peut-être la verrai-je et la sentirai-je avec incomparablement moins de force et de lucidité.

Tout est donc fini ! me disais-je ; plus de père, plus de mère, plus d'amis ; la bien-aimée de mon cœur n'est plus, je ne suis plus... plus de soleil, plus d'hommes, plus de monde ! plus rien !

J'ai passé en un instant ! je vois encore d'ici mes années d'enfance, je les vois de mon lit de mort. Il n'y a pas loin de l'enfance à la mort ; — c'est un jour qui finit bien vite, c'est un rêve !...

A cette vue j'étais immobile et comme cloué par l'étonnement et la terreur.

Mais qu'est-ce que tout cela veut dire ? m'écriai-je. Pourquoi ne cherche-t-on pas d'abord l'explication de tout cela ? Personne ne s'en inquiète, on passe sans s'informer de rien ! on vit comme des moucherons qui dansent et bourdonnent dans un rayon de soleil ! à quoi servent donc ces apparitions d'un instant au milieu de ce fleuve qui passe ? Pourquoi passe-t-on ? Pourquoi est-on venu ? A quoi bon ? — J'étais désespéré. Je regardais toujours avec terreur l'abominable et insoluble énigme.

Le désespoir alors me porta à rassembler mes forces, et à chercher quelque part quelque ressource. Se peut-il que ce soit là tout ? Se peut-il que tout soit absurde, inutile et dénué de sens ? Les choses ont-elles un sens, et quel est-il ? Si ce n'est pas là *tout*, où est le reste et à quoi sert ce que je vois ?

Je ne voyais aucune réponse à ces questions, mais je commençais à penser à Dieu. O mon Dieu ! Y a-t-il donc un Dieu ?...

O Dieu ! ô Dieu ! criais-je, et je ne criais pas seul. Il y avait un autre en moi qui criait, et donnait à mon cri une irrésistible puissance. O Dieu ! ô Dieu ! Lumière ! Secours ! Expliquez-moi l'énigme... ô mon Dieu ! je le promets et je le jure, ô mon Dieu ! faites-moi connaître la vérité, et j'y consacrerai ma vie entière !

Tout aussitôt je compris que je n'avais pas crié en vain. Je sentis qu'il y avait, ou qu'il y aurait une réponse.

Quelque chose me disait, mais timidement et de loin, qu'évidemment il n'y avait pas d'autre solution possible que la religion, mais cela me paraissait fade et n'arrêtait pas d'ailleurs mon attention. Seulement, j'étais sorti du désespoir, je sentais que la vérité existait, que je la connaîtrais, que j'y consacrerais ma vie entière.

Cette vision ne marque pas encore le retour de Gratry au catholicisme : il devait d'abord se dégager de l'indifférence et du scepticisme qui l'entouraient. Dès ce moment, il commence à mépriser l'inertie, la paresse intellectuelle de ceux qu'il voit autour de lui ; la veulerie de ces hommes sans convictions qui passent, au hasard des révolutions, de Napoléon à Louis XVIII et de Louis XVIII à Napoléon. Bientôt il s'en prend aux idoles du jour, il juge Voltaire et son siècle :

Je me demandais comment un siècle entier avait pu se laisser gouverner par Voltaire ! Veut-on rire, ou parle-t-on sérieusement ? me disais-je. Si l'on veut rire, à la bonne heure. Mais s'il s'agit de la vérité, ce n'est pas, ce me semble, chez les menteurs et les mauvais plaisants qu'il la faut chercher. Quand j'entendais mon père et de fort beaux parleurs traiter Voltaire de philosophe, rien n'égalait mon étonnement et ma profonde pitié. Un jour, je fus intérieurement saisi d'enthousiasme en reconnaissant avec évidence, avec une certitude triomphante, que moi, pauvre écolier de dix-huit ans, j'avais plus de sagesse, plus de philosophie, plus d'amour et même plus de connaissance de la vérité que Voltaire. C'était vrai. Ce jour-là, je foulai aux pieds cette idole avec transport ; je me sentis libre, libre de ce joug, ou plutôt de ce bât honteux et ridicule que portait la foule imbécile. Quant je voyais ces idiots adorer l'indigne polisson, comme je parlais alors, qui avait sali la France en voulant déshonorer Jeanne d'Arc, mon cœur bondissait d'indignation, mon sang était en flammes, et je commençais à concevoir quelque sérieux amour de la sagesse.

En même temps il se prend d'enthousiasme pour Napoléon ; ce n'est pas le génie militaire qui l'attire, ce n'est pas non plus l'Empire et la gloire de ses armées ; mais en Napoléon il voit avant tout un homme énergique, « indépendant de la platitude du dix-huitième siècle », méprisant à la fois « Voltaire, les idéologues et les avocats », capable enfin, si jamais il revenait d'exil, « de relever l'Europe de son aplatissement. »

Dès lors, la conversion se précipite. Au début de son année de philosophie, il se lie d'amitié avec un jeune maître d'études, catholique convaincu, qui triomphe de ses dernières hésitations. Le lendemain, Gratry court se confesser, dans la première église venue, au premier prêtre qu'il rencontre. « Il plut à Dieu de me faire rencontrer un vieillard sévère, austère, et qui m'était indispensable en ce moment. Il eut l'heureuse inspiration de me faire attendre pendant plusieurs mois l'absolution et la grâce de la communion. » Dans cet intervalle, Gratry comprit que la religion n'a de sens que si dans notre âme le dogme s'épanouit en vie, que si Dieu vit en nous.

Enfin vint le moment tant désiré, où il reçut l'absolution, où il lui fut permis de communier : c'est alors que se place l'instant décisif de sa vie.

Je vois encore dans le coin de ma chambre que regardaient mes yeux, une sorte de colonne double, lumière éclatante d'un côté, ténèbres épaisses de l'autre ; et, dans le premier moment, nul amour de la lumière, nulle horreur des ténèbres, mais pleine indifférence. Je fus tenu en équilibre parfait pendant un quart de minute. Ce fut peut-être le moment le plus solennel de ma vie ! je dus choisir par ma liberté seule. Je sentis le moment où j'allais pencher du côté de l'absolue incrédulité. Je serais retombé bien au dessous du moment où je criais à Dieu : « Seigneur ! la vérité pour que je m'y dévoue. » J'allais devenir un énergique ennemi de toute religion, un impie à jamais inflexible. Heureusement, un très faible mais très difficile mouvement de ma volonté libre qu'aucune grâce, aucune force ne semblait appuyer, que Dieu semblait avoir abandonnée à son néant, un imperceptible mouvement, dis-je, mouvement tout libre, d'esprit et de cœur, m'inclina légèrement de l'autre côté, et de là je m'élançai avec transport dans la lumière, tendant les bras à Dieu et lui disant : « C'est vous que je veux ! »

Depuis cet instant, je ne puis pas dire avoir eu jamais de sérieuse tentation contre la foi.

Cette même année, Gratry terminait avec succès ses études de philosophie ; il était désormais tout à Dieu, et pensait déjà à consacrer sa vie à le servir. Mais une pensée l'avait frappé depuis déjà quelque temps, et se présenta de nouveau à son esprit. « J'apercevais beaucoup de gens s'enfoncer dans l'irréligion, l'athéisme, le matérialisme, sous prétexte de physique, d'anatomie et de mathématiques. » Le désir de rétablir l'accord de la science et de la foi va devenir une des idées dominantes de sa vie ; mais il ignore tout de la science ; — qu'importe ? il apprendra. Un travail acharné lui permet de faire en un an les études de plusieurs années, et en 1826 il entre à l'École Polytechnique.

Les premiers mois furent des mois d'épreuves. Non pas que sa préparation hâtive ne permît pas à Gratry de se tenir au niveau des études ; mais Dieu semblait l'avoir abandonné. « Je souffrais quelque chose des douleurs de l'enfer... Je souffrais quelque chose de ce que les âmes souffrent en purgatoire. Quiconque n'a point éprouvé cela ne peut s'en faire une idée. » Le calme lui fut rendu peu à peu par la prière et la lecture des Livres Saints. Il termina ses études avec succès ; mais une nouvelle épreuve l'attendait : au lieu d'occuper la place qui lui était offerte, il donna sa démission, malgré le désespoir et les prières de sa famille. Décidé à ne plus vivre que pour Dieu, il n'hésita pas à quitter ses parents. « Je dis à mon père que je ne lui demanderais plus d'argent ; qu'en conscience je n'en voulais plus recevoir ; et j'entrai dans ma carrière inconnue sans rien posséder que quelques livres et mes vêtements, sans aucun but déterminé, sinon de ne travailler que pour Dieu. »

A Strasbourg.

Gratry resta quelques mois à chercher sa voie. Mais un jour, un prêtre vint à lui parler de quelques jeunes gens, dont les tendances et les aspirations étaient les siennes, et qui avaient fondé à Strasbourg une sorte de communauté, autour de M. Bautain et d'une sainte femme, Mlle Humann. Ils avaient un seul désir : servir Dieu; et pour le mettre en pratique leur intention était d'entrer dans les ordres et de se consacrer à l'enseignement. De tels projets ne pouvaient que sourire à Gratry. Après avoir, sur les conseils de Mlle Humann, fait au couvent du Bischenberg un essai de vie monastique, interrompu par les révolutions de 1830, il vint rejoindre ses amis et recevoir avec eux la prêtrise, à la fin de l'année 1832. L'évêque de Strasbourg ne tarda pas à leur confier la direction de son petit séminaire, et pendant quatre ans Gratry y fut chargé de la rhétorique, ne prenant aucun repos malgré les fatigues que lui imposait ce travail au dessus de ses forces.

La condamnation des doctrines philosophiques de l'abbé Bautain devait être pour eux une dure épreuve. L'évêque se vit obligé de leur retirer le petit séminaire ; ils fondèrent alors une école primaire et un établissement d'enseignement secondaire, auquel fut attaché l'abbé Gratry. Moins surchargé de travail que les années précédentes, il se livra à des études personnelles ; de cette période de sa vie datent une vingtaine de grands cahiers, couverts d'une écriture serrée ; les plus belles pages, réunies et publiées par le cardinal Perraud, ont formé le volume des *Méditations inédites*.

C'est une suite de réflexions sur les bienfaits de Dieu

et sur tout ce que nous lui devons. Le Seigneur nous a comblés de biens : il nous a donné la terre avec toutes ses productions ; il a créé le jour pour le travail, la nuit pour la prière et le repos ; pour nous éviter les douleurs de l'isolement, il a fondé la famille. Et l'abbé Gratry, se laissant aller aux souvenirs de sa jeunesse, des jours heureux qu'il a passés près de sa mère, trace un délicieux tableau du bonheur de l'enfant. — Dieu nous a encore donné la parole, le plus sacré de tous ses bienfaits, mais aussi celui dont l'homme a le plus souvent abusé. Puis, après une magnifique « prière pour demander à Dieu le don de la parole sainte », Gratry passe au péché, source de tous les maux, qui rend l'homme incapable de marcher vers la vérité, et qui égare les plus hautes intelligences.

> Nous voyons de nos jours des hommes qui prétendent au génie, qui se disent les prophètes des peuples et les guides de la société, qui dans le monde intellectuel, se croient des géants. Ils vont, disent-ils, à la découverte du jour, et ils montent de sommets en sommets. Mais les plus élevés sont tristes, et les plus avancés gémissent, ils voient toujours l'obscurité. C'est qu'ils la portent dans leur cœur. Que penseraient ces géants de la terre, s'ils savaient que l'œil du chrétien les pénètre, les juge, et reconnaît dans leur parole le péché qui la fausse, avec autant de certitude qu'un maître sage et clairvoyant peut lire sur le front d'un enfant le vice qui l'entrave et qui l'arrête ?

Depuis la faute du premier homme la « loi du progrès » que voulait Dieu a fait place à la « loi de chute » : tout ce qui vit marche à la décadence. Mais Dieu n'a pas voulu nous laisser périr : il est venu vers nous, pour nous il est mort sur la Croix : prenons notre croix nous aussi, et suivons le : attachons nous à la croix rédemptrice et aux vertus qui en sont les trois branches : la chasteté, qui donne au monde la véritable vie ; la pauvreté, dont l'acceptation volontaire nous élève au dessus de l'animal ; et l'obéissance, obéissance à Dieu sans laquelle il ne peut-être de véritable liberté :

La liberté, ce grand besoin des hommes, cherche depuis le commencement des âges, à prendre pied dans le monde. Mais elle trouve la terre occupée par l'aveugle indocilité des hommes qui maintient sur eux l'esclavage comme un filet.

L'homme est loin de la liberté tant qu'il ne sait pas obéir.

Que peut la Providence sur les races indociles où nul ne reconnaît de loi ?... Que peut la Providence sur l'homme réduit en cet état ? Lui donnera-t-elle la liberté ?

Elle lui enverra l'esclavage comme un bienfait.

Les hommes chargés de gouverner les autres, comprennent l'usage du despotisme et son rôle dans l'histoire...

Il est des caractères profondément indociles... Quel obstacle à la liberté que leur présence au sein des sociétés ! Ils rendent plus dure l'éducation du genre humain et ses progrès plus lents. Ils maintiennent l'esclavage sur la terre, entravent l'union des hommes entre eux, arrêtent par le blasphème l'union des hommes avec leur Père ; ils nourrissent tous les despotismes, et ils empêchent la Providence de renverser les tyrannies.

Croit-on que la Providence ne cherche pas à nous donner la liberté ?

La Providence réserve au genre humain un avenir de liberté que les plus audacieux tribuns n'osent pas rêver...

Dieu proportionne à chaque âge du monde, à chaque race de l'humanité, à chaque degré de la vie des nations la mesure de liberté qu'elles sont capables de recevoir...

Il semble de nos jours, que quelque chose nous arrête dans notre élan vers la liberté. On se sent ballotté du despotisme à l'anarchie, de l'anarchie au despotisme. On veut la liberté, mais on ne voit pas bien comment elle peut régner ; quelques-uns doutent qu'elle soit possible.

Mais n'est-il pas facile de voir ce qui nous manque et ce qui nous arrête ?

Il nous manque d'obéir à Dieu. Voilà l'obstacle à la liberté qu'on désire, à l'organisation nouvelle des sociétés...

L'un dit : « La faute en est aux rois. » — L'autre réplique : « La faute en est aux peuples. » D'autres s'écrient : « La faute en est aux prêtres. »

Acceptons leurs discours : tous ont raison...

Oui, nous sommes tous coupables, les peuples et les rois, les prêtres et les riches.

Que celui donc qui se croit sans péché jette aux autres la première pierre.

Pour que ce royaume de Dieu devienne possible, une condition est avant tout nécessaire : l'union des hommes ; et pour faire cesser la discorde et la haine, il n'est qu'une seule puissance : Dieu et son Église. Alors vraiment l'homme jouira de la présence de Dieu : et, ayant vécu sous ses yeux, il pourra mourir sans crainte.

Quand un homme va mourir, quand une victime est désignée pour descendre à l'abîme, c'est un devoir pour ses proches de la conduire jusqu'au terme fatal. On l'entoure, et on lui dit qu'on vient lui rendre la santé, car le mensonge dans cette cérémonie suprême est un devoir sacré. On le trompe comme un enfant malade. On le promène jusqu'au gouffre, en l'entretenant d'autre chose, en le berçant d'espoir, pour l'endormir. Au moment où il y arrive, on lui déclare qu'il en est loin ; puis tout d'un coup, on l'y précipite comme par surprise, on se détourne brusquement pour ne rien voir, et l'on s'éloigne.

Telle est encore aujourd'hui, parmi nous, la manière d'ensevelir ceux qu'on aime.

Est-ce là vivre avec franchise, en face de Dieu, en face de la nature et de ses lois ? N'est-ce pas chercher le mensonge et s'y complaire ? La mort est-elle, oui ou non, l'événement le plus inévitable de notre vie ? Pourquoi donc n'en pas tenir compte ?...

Oh ! si nous nous liguions pour nous apprendre à mourir, et nous donner l'exemple les uns aux autres, pour nous soutenir à la mort, pour entourer celui qui monte à l'autel du sacrifice voulu de Dieu, pour l'y porter avec amour et pour lui dire :

« Meurs, ô notre bien-aimé, meurs pour notre salut et pour le « tien, pour obéir à Dieu, pour accomplir l'éternel mouvement de « la vie, pour délivrer ton âme des filets de la nature fausse, pour « rentrer dans le sein de Dieu.

« Meurs, ô notre bien-aimé, nous te suivrons bientôt. Nous ne « verrons plus ton visage pendant un temps, mais ton cœur vivra « dans les nôtres, et nous l'y sentirons quelquefois tressaillir, « comme nous le sentions ici-bas et mieux encore. Soyons unis « dans la mort comme nous l'avons été dans la vie. Que ton âme « en se recueillant, emporte un rayon de notre âme et les prémices « de notre esprit vers l'éternel repos.

« Qu'un lien nous lie à toi, âme retirée du monde, et que ce « lien nous dispose à mourir.

« Qu'un lien te rattache à nous, à nous qui sommes dans le « monde, et que ce lien maintienne avec mystère quelque chose « de ton être dans la demeure des vivants jusqu'au jour du réveil.

« Dors, ô notre bien aimé, comme la semence dort sous l'écorce « d'une plante fanée. Un jour tu fleuriras encore sous le soleil « d'un nouveau printemps. »

Si l'on était ainsi soutenu par ses frères, qui ne ferait le sacrifice avec sérénité ? Et si pendant la vie nous avions étudié la grande science de la mort, qui sait ce que nous dirait son approche et quel espoir elle ferait naître en nous ? Que notre contenance en ce monde serait noble ! Quelle dignité dans la vie de celui qui ne craint pas la mort !...

Sachons envisager la mort en face ; fixons-là de nos yeux, afin de faire tomber par un ferme regard les formes trop hideuses que lui prête l'esprit effrayé ; afin de reconnaître ce qu'elle est dans l'ordre de la nature et dans la volonté de Dieu...

Que deviendrions-nous sans la mort ? Qui voudrait vieillir en ce monde sans espérance de se renouveler ? La vie est douce et belle à l'origine. Mais combien elle se flétrit vite à mesure que passent nos années !

Qui peut sentir, sans invoquer la mort, son cœur tarir, toute émotion s'éteindre en ses entrailles, la sève de l'âme se dissiper dans un esprit raidi, dans un corps endurci ?

Qui n'a compris alors le besoin de la mort, qui n'a senti dans son âme du goût pour son austère saveur ?...

Un enfant demandait à Dieu : « O mon bon Père, les enfants qui vont au ciel dormiront-ils dans un berceau ou dans vos bras ? » — « Dans mes bras, » lui dit le Seigneur. — Voilà ce qu'est la mort et ce qu'elle pourrait être parmi nous.

Et ce volume de méditations se termine par cette sublime prière.

« O Père, ô Dieu créateur, plein d'amour, toi qui nous aimes, « qui nous attends, qui te tiens au milieu de nous, qui cherches « des enfants dociles et des amis pour accomplir ton œuvre sur « la terre, pour avoir la gloire de t'aider, ô mon Père, ô mon « Dieu, me voici, prends moi. Mon Créateur, je me donne, prends « ces mains que je tends vers toi, je fais alliance avec mon Dieu. « Je commence aujourd'hui. Cette terre ne m'est plus un exil, ta « main demeure sur elle pour la bénir. »

L'abbé Gratry ne devait plus rester longtemps en

Alsace. En 1840, la *Société de Saint-Louis* (c'est le titre que portait la communauté de l'abbé Bautain) prenait la direction du collège de Juilly : c'était une entreprise au dessus de ses forces, d'autant qu'à ce moment se produisaient de nombreuses défections. Les amis ne tardèrent pas à se séparer ; en 1841, l'abbé Gratry acceptait de diriger le collège Stanislas.

Au collège Stanislas et à l'École Normale.

L'abbé Gratry n'était pas dans son rôle à la tête du collège Stanislas : une existence aussi dispersée, aussi encombrée de menus détails, de soucis pressants ne pouvait lui convenir. De plus, il arrivait avec un plan bien déterminé : il voulait maintenir les études à un niveau très élevé, et pour cela il prit le parti d'éliminer impitoyablement toutes les non-valeurs ; il voulait aussi créer des cours de préparation aux grandes écoles scientifiques qui pourraient être une preuve éclatante de la pensée qui l'avait poussé lui-même vers l'École Polytechnique : la science et la foi, bien loin de se contredire, se soutiennent et se complètent. Ses efforts se heurtèrent bientôt à la résistance du conseil d'administration : les réformes qu'il proposait exigeaient des dépenses considérables, et la situation financière du collège était loin d'être brillante. *L'école préparatoire* fut bien créée, mais elle ne donna pas les résultats qu'en attendait l'abbé Gratry : il voyait le succès le fuir, ses projets échouer contre les difficultés matérielles et les mauvaises volontés. Aussi renonça-t-il à la lutte ; d'ailleurs l'archevêque de Paris lui offrait des fonctions qui lui convenaient mieux : il le nommait aumônier de l'École Normale supérieure.

L'abbé Gratry ne se dissimulait pas les difficultés de sa nouvelle tâche : il savait que l'esprit d'incrédulité régnait encore en maître sur la plupart des Normaliens, et que le petit groupe catholique avait souvent fort à faire pour repousser les attaques d'un Taine ou d'un About ; le nouvel aumônier fut bientôt l'âme de la résistance. Il prit assez d'influence sur ces jeunes gens pour s'imposer à l'admiration de tous, pour que tous, croyants ou incrédules, vinssent écouter avec attention ou respect ses instructions, ses commentaires sur l'Écriture. C'est alors qu'il écrivit le *Commentaire sur l'Évangile selon saint Jean* que nous a conservé le cardinal Perraud. Vers cette époque aussi parut le *Catéchisme social* (devenu en 1871, *Les Sources de la régénération sociale*). Cet ouvrage a été composé au lendemain de la révolution de 1848, des journées de juin et de la mort de Mgr Affre. Dans une courte préface, l'auteur nous déclare quel but il s'est proposé :

« Ce 27 juin 1848

Je viens de quitter l'Archevêque mourant. J'ai baisé sa main vénérable. Je rentre tout plein de sa dernière parole : « Qu'il n'y ait plus de guerre civile parmi nous, et que mon sang soit le dernier versé. »

Mais que faire pour qu'il n'y ait plus de guerre civile parmi nous ? Il faut que, comme le martyr qui meurt en ce moment, et comme Jésus-Christ son modèle, on apprenne à verser son sang plutôt que celui des autres. Il faut que l'esprit du Christ soit parmi nous, et nous enseigne enfin nos devoirs.

L'ignorance du devoir social est la source du sang dont Paris fume encore. Puisse l'esprit du Christ, mis en action et en lumière par la mort de ce vrai pasteur, chasser enfin de nos âmes incertaines les ténèbres de l'esprit d'homicide, de mensonge et d'iniquité ! »

La société, dit l'abbé Gratry, est un fait naturel ; mais c'est le Christ qui a apporté sur la terre le sentiment de fraternité qui l'amènera à son plein épanouissement et rendra possible un jour l'alliance de toutes les nations. Mais que l'on n'aille pas conclure de là que la Patrie doive disparaître : « Il y a des *socialistes* qui disent de la patrie précisément ce qu'ils disent de la vertu : la patrie n'est qu'un mot, la patrie n'est qu'un masque. Si quelqu'un vous tient ce langage, sachez que c'est un destructeur de la société. » La patrie doit subsister, et surtout notre France, qui a toujours eu pour mission de jeter dans le monde les idées généreuses. De même, s'il n'y a pas de famille, il ne peut plus y avoir de société, plus de progrès social. Or,

> Le progrès social est possible. En douter est un blasphème contre Dieu, contre la raison et contre l'Évangile. C'est, de plus, un démenti donné en face à l'histoire des peuples européens depuis la venue de Jésus-Christ.

Le premier acte du christianisme triomphant a été la suppression de l'esclavage, l'un des plus grands progrès qui aient pu être réalisés. Il en sera de même pour l'abolition du paupérisme. Et si on lui objecte la parole du Christ, Gratry répond :

> *Il y aura toujours des pauvres parmi vous*, est une parole du Christ dont on abuse scandaleusement, et dont quelques personnes se servent pour effacer le reste de l'Évangile.

Mais de tels progrès ne peuvent se réaliser que si l'on se garde, pour les faire triompher, de transgresser les lois sociales : ces lois, ce sont celles qui sous aucun prétexte n'autorisent l'homicide et la guerre civile :

> L'effet d'un soulèvement à main armée est toujours, et sans exception de retarder ou d'empêcher le triomphe de la cause pour laquelle il est entrepris...
>
> Ceux-là (ceux qui poussent à la guerre civile) sèment la mort et le sang, trompent le peuple, l'envoient à la boucherie, détruisent le germe des progrès sociaux. L'homme qui a montré du courage dans ces luttes fratricides a été trompé dans l'emploi de son courage et de sa force ; c'est le plus à plaindre de tous les hommes. Il croit mourir pour sa patrie et meurt contre elle. Il frappe sa mère en pensant la défendre.

Un autre crime social est le communisme, quelque part et sous quelque forme qu'il se présente :

> Il y a une sorte de communisme dans les monarchies absolues. Louis XIV avait une tendance au communisme lorsqu'il écrivait ces mots pour apprendre à son petit-fils l'art de régner : *Souvenez-vous que tous les biens, tant ceux des églises que ceux des particuliers, vous appartiennent.* Ce monarque croyait, comme aujourd'hui beaucoup de socialistes, que tous les biens appartiennent à l'État, et que le chef de l'Etat peut en disposer à son gré pour le bien commun.

Gratry met à part, bien entendu, le communisme tel que le pratiquent les ordres religieux, qui n'est possible que parce que ces hommes se sont élevés au dessus de l'humanité. D'ailleurs la suppression de la propriété ne va pas sans la suppression de la famille, et tout ce qui porte atteinte à la famille est un fléau pour la société ; c'est pour cette raison encore que doit être condamné un autre crime social, ce que Gratry appelle « l'abrutissement de la débauche. »

Crime social encore le mensonge, et surtout de la part des maîtres de l'opinion publique, des journalistes, car il engendre « la colère, la défiance et la haine ; la lutte, la guerre, le fratricide. » De même ce qu'il appelle « le mensonge en action », c'est-à-dire l'œuvre des sociétés secrètes. Quelque louable but qu'elles puissent se proposer, il faut condamner leur méthode, « parce qu'on ne fait jamais avancer une société malgré elle, par surprise et par coups de main. »

Homicide, vol, débauche, mensonge, tels sont donc les fléaux que doit combattre l'humanité. Mais elle ne saurait suffire à cette tâche, sans les secours de Dieu ; et ces secours, c'est l'église catholique qui peut seule nous les transmettre.

« On ne peut rien, pour le progrès, contre l'Église catholique ou sans elle, et, pour élever de siècle en siècle et d'âge en âge la société locale et temporaire, il faut tendre la main à l'éternelle et universelle société, qui n'est pas un autre peuple dans chaque peuple, mais qui est le fond sympathique et commun de tous les peuples frères, qui est l'ensemble et la communauté de tous les bons, le vrai peuple souverain du globe, dont la voix est la voix de Dieu. »

Tels étaient les enseignements que l'abbé Gratry se plaisait à répandre autour de lui : mais un autre travail allait l'en arracher. Le directeur des études à l'École Normale était alors M. Vacherot, apôtre passionné de la philosophie de Hegel. Par sa vie austère, son désintéressement, son amour du travail, son culte pour ce qu'il croyait être la vérité, il était tout désigné pour être le « saint laïque » autour duquel allaient se grouper les incrédules, comme les catholiques se serraient autour de l'abbé Gratry. Il venait de faire paraître le dernier volume de son *Histoire critique de l'école d'Alexandrie*, par laquelle il s'efforçait de démontrer que le christianisme est tout entier sorti de la philosophie grecque. Cet ouvrage avait eu un grand retentissement, à tel point que Mgr Affre en prépara lui-même une réfutation dès l'apparition du second volume, en 1846. Elle ne fut jamais imprimée, et il fallut attendre que l'abbé Gratry publiât en 1851, sa *lettre à M. Vacherot.* Il démontrait que la philosophie hégélienne professée par son adversaire devait en fin de compte aboutir au panthéisme ou à l'athéisme ; puis, examinant en détail sa thèse historique, il établit que dans la philosophie grecque on ne saurait en aucune façon retrouver ne fût-ce que le germe des dogmes catholiques.

Cette polémique qui mettait aux prises le directeur des études et l'aumônier de l'École Normale fit sur le public une vive impression. Le gouvernement lui-même n'y resta pas indifférent : le Prince-Président se défiait de l'École Normale, dans laquelle il voyait un centre d'opposition politique. La question fut portée devant le Conseil supérieur de l'instruction publique. On pouvait prévoir quelle solution lui serait donnée : les doctrines de M. Vacherot ne lui permettaient pas de rester plus longtemps dans l'Université, qui faisait encore profession, officiellement tout au moins, de respecter le catholicisme. D'autre part on reprocha à l'abbé Gratry la publicité donnée à cette affaire. On jugea que tous les deux devraient abandonner leur poste. Ce ne fut pas sans regrets que l'abbé Gratry quitta ces jeunes gens, auxquels il savait si bien faire entendre les enseignements de l'Évangile.

L'Oratoire.

Mgr Dupanloup l'appela auprès de lui, et pendant quelques mois l'abbé Gratry remplit à Orléans les fonctions de vicaire général honoraire. Mais ce rôle ne lui convenait pas, et il accueillit avec joie l'abbé de Valroger qui venait lui proposer de s'entendre avec l'abbé Pététot pour reconstituer la congrégation de l'Oratoire.

Ces deux prêtres se connaissaient et s'estimaient déjà depuis longtemps ; ils rêvaient tous les deux d'une congrégation nouvelle, mais leur but n'était pas exactement le même. Tandis que l'abbé Gratry songeait à fonder une sorte d' « atelier d'apologétique » qui travaillerait à démontrer l'accord parfait de la science et de la foi, l'abbé Pététot se proposait de réunir des ecclésiastiques capables de prendre la direction des séminaires, pour inspirer aux futurs prêtres l'esprit de foi et de dévouement dont avait besoin l'Église de France. Ces projets se complétaient plutôt qu'ils ne s'opposaient, et Mgr Dupanloup, ne prévoyant pas de difficultés, ne cessait d'encourager ses deux amis, et de leur conseiller d'unir leurs efforts.

Les six premiers Oratoriens qui se trouvèrent réunis au mois d'octobre 1852 étaient les PP. Pététot, Gratry et de Valroger, les trois fondateurs ; le P. Adolphe Perraud et le P. Cambier, tous deux sortis de l'École Normale supérieure, et le P. Lescœur, ancien élève du Collège Stanislas. D'autres vinrent bientôt se joindre à eux et pendant quatre mois il régna une entente parfaite. Les Oratoriens, encore peu nombreux, se donnaient tout entiers à la prière et à l'étude : le P. Gratry dirigeait leurs travaux. Il commençait aussi à se faire connaître comme prédicateur, ses sermons attiraient dans la petite chapelle de la rue du Regard, Montalembert et Guizot, Berryer et de Broglie.

En 1857, l'évêque de Saint-Lô offrit aux Pères la direction de son petit séminaire. La plupart étaient d'avis de refuser, jugeant que l'Oratoire ne pourrait suffire à cette tâche sans diminuer à l'excès le groupe qui travaillait avec le P. Gratry. Le P. Pététot était d'avis opposé ; il imposa sa décision. Tous les ans il fallut enlever au P. Gratry les meilleurs de ses élèves et de ses collaborateurs. Cet échec de ses projets l'affligea vivement ; bientôt sa santé ne put plus s'accommoder des règles sévères qu'avait imposées le P. Pététot. Et en 1861, ayant vu s'éloigner ou disparaître tous ceux sur lesquels il avait fondé ses espérances, il obtint, grâce à l'intervention de l'archevêque de Paris, de pouvoir quitter la maison commune pour s'établir, tout en conservant le titre et la qualité d'Oratorien, rue Barbet de Jouy, où le suivit bientôt un de ses disciples.

A. *Ses idées philosophiques.*

Malgré ses désillusions et ses insuccès, c'est cependant durant la période qui s'étend de 1852 à 1869 que le P. Gratry a publié la plupart de ses ouvrages, ceux où sont le mieux développées ses théories philosophiques et sociales. En 1853 paraît son traité *De la connaissance de Dieu* que suivent en 1855, la *Logique* et en 1858, *De la connaissance de l'âme*. Ces trois ouvrages nous donnent toute sa philosophie. Quelles en sont les idées directrices, il nous l'annonce lui-même :

> Notre seul but, dans nos trois ouvrages, *Connaissance de Dieu*, *Logique* et *Connaissance de l'âme*, notre seul but est d'établir ce point : *Il y a une troisième vie, pour laquelle tout le reste est fait, et sans laquelle tout souffre, le cœur et la raison, et même nos sens et notre corps.* Nous disons que la première et la seconde vie nous ont été données pour arriver à la troisième, et qu'il y a dans l'homme un désir inné de cette troisième vie... La mort, matérielle ou spirituelle, ou commencée ou consommée, la mort est le moyen de transcendance à la vie la plus haute.

Tel est, dis-je, le but de nos travaux philosophiques. Et c'est là aujourd'hui, en effet, le grand point. Tout roule sur cette question : Y a-t-il un ordre surnaturel ?...

Regardez et comprenez enfin que cette lumière et cette vie supérieures dont l'absence, ou l'idée lointaine, ou le pressentiment ôte à la nature humaine tout repos, c'est ce que l'Évangile nous apporte en réalité substantielle, en présence réelle et vivante. C'est là ce que veut la raison, c'est là ce que veut l'homme entier. »

A ces trois ouvrages qui nous donnent toutes ses doctrines philosophiques, il convient d'ajouter deux volumes : la *Philosophie du Credo*, traité d'apologétique à l'usage des gens du monde, auquel est due la conversion du général La Moricière ; et *les Sophistes et la Critique*, paru en 1864, nouvelle œuvre de polémique dirigée contre l'école hégelienne représentée particulièrement par M. Vacherot et par Renan.

Le P. Gratry souffre de voir la pensée française étouffée sous ce que les Allemands ont rejeté comme étant la honte de la raison humaine ; et surtout comme prêtre il s'indigne contre ces sophistes qui travaillent à ruiner la morale, à retarder le règne de Dieu sur la terre :

Vous pouvez faire beaucoup de mal, et retarder de cinquante ans, peut-être, la renaissance des convictions. Pendant ce temps, les peuples souffriront, les grandes iniquités internationales profiteront de ce qu'il n'y a plus de principes, mais seulement des faits. L'ordre et la liberté poursuivront leur sommeil. Mars, Vénus et Mercure verront grandir leur culte à un degré inconnu des anciens. Dans ces ténèbres d'ignorance et d'iniquité, les consciences et les âmes souffriront. Ce sera votre œuvre, Messieurs...

B. Ses idées sociales.

Par certains côtés, la philosophie du P. Gratry touche donc aux questions sociales : c'est qu'il en avait reconnu l'importance, et qu'il avait sur elles des idées bien arrêtées. Nous les avons déjà trouvées dans le *Catéchisme social* de 1848 ; elles n'ont fait que se développer et s'affermir. Elles sont une première fois exposées dans la seconde partie des *Sources* (1). Le renoncement à la richesse et l'emploi chrétien de l'argent sont les conditions nécessaires pour que nous puissions remplir nos devoirs envers Dieu, envers le prochain, envers nous-même : tant que l'argent sera notre maître, aucun progrès, ni moral ni social, ne sera possible.

Je ne demande au monde contemporain qu'une seule chose : la volonté déterminée d'abolir la misère.

Qu'on se décide publiquement, solennellement, à prendre pour devise la parole de Moïse : « O Israël, tu ne souffriras pas qu'il y ait dans ton sein un seul mendiant ni un seul indigent. »

Que tous les peuples, toutes les sectes, tous les partis s'accordent sur ce point unique et le poursuivent sans jamais s'arrêter, et il suffit.

Je dis que, par cela même, la justice, la vérité, la religion se répandent sur la terre.

Par cela même, le christianisme et le catholicisme, qui est le christianisme entier, gouvernent le monde.

Comment cela ?

C'est que le christianisme entier, on ne peut trop le répéter, se réduit à un point : « J'ai eu faim, dit le Christ, et vous m'avez nourri ; vous êtes sauvés. — J'ai eu faim, et vous ne m'avez pas nourri ; vous êtes jugés et condamnés. » Voilà le point. Selon l'Évangile, tout est là, non en ce sens que ce seul point exclut le reste, mais en ce sens qu'il implique tout. Il implique et attire et suppose toute vertu chrétienne, et la vraie vie de l'âme en Dieu.

Donc si nourrir ou ne pas nourrir Jésus-Christ, c'est-à-dire le moindre des hommes qui souffre, est toute la base du jugement dernier, toute la question du salut éternel, il est bien clair que ce point seul est et implique le christianisme entier.

Donc les individus et les peuples opèreront le christianisme entier, c'est-à-dire le catholicisme, dès qu'ils travailleront de tout

---

(1) La première partie, qui ne fait que reproduire le dernier chapitre de la *Logique*, nous donne en quelque sorte le programme de vie religieuse et intellectuelle que le P. Gratry rêvait pour l'Oratoire.

leur cœur et de toutes leurs forces, avec persévérance, jusqu'au succès, à nourrir de pain la masse des hommes que la misère dévore.

Donc encore une fois, c'est l'œuvre chrétienne, essentielle, qu'entreprendront les sociétés humaines, dès qu'elles entreprendront de bannir de leur sein la misère.

N'est-ce pas évident ?

Essayez de multiplier les pains en Europe, dans une nation. Essayez de chasser la misère, en la remplaçant par l'aisance, ou seulement par la pauvreté supportable, — j'appelle ainsi celle qui ne tue pas ; certes, ce n'est pas demander trop ; — eh bien ! dès le premier effort, vous voyez de vos yeux qu'il est de toute impossibilité de modifier en rien la condition des classes souffrantes, si vous ne les moralisez. Vous voyez de vos yeux où est l'obstacle, le grand obstacle fondamental et presque unique : c'est l'état moral des classes pauvres, c'est l'ignorance, la paresse et le vice. Vous voyez de vos yeux l'absolue impossibilité de modifier en rien la condition de ceux qui souffrent, si vous ne les rendez meilleurs.

Cela bien vu, essayez ce second travail, et dès, le premier effort, vous découvrez le nœud de la difficulté : vous voyez s'il est possible de rendre les hommes meilleurs sans religion ; si vous pouvez transformer la famille, élever l'homme, la femme, l'enfant sans Dieu, sans loi, sans foi. Oui, ce défi banal du prêtre au philosophe, cet axiôme rebattu : « Point de morale sans religion », est de la plus absolue solidité ; bien compris, il ne peut manquer de devenir, avant un siècle, la démonstration à la fois expérimentale et scientifique du christianisme et du catholicisme.

Mille ans d'efforts par la morale abstraite et purement philosophique ne feront pas avancer d'un seul pas. Mais vingt-cinq ans de bonne volonté dans la propagation de la vraie religion peuvent, en une seule génération, changer la face d'un peuple.

Mais de quelle religion s'agit-il ?

Il n'y en a qu'une dans le monde, le christianisme ; les autres ne sont pas discutables.

Donc en persévérant, on démontrera que, pour vivre de pain, il faut vivre d'abord de vie morale, et que, pour vivre de vie morale, il faut vivre de Dieu, du Dieu de l'Évangile.

On démontrera, dis-je, que Dieu seul multiplie les pains, et l'on verra par expérience que Dieu, Dieu incarné et réellement présent dans l'Église catholique, est la seule force qui multiplie les pains. Jésus-Christ seul multiplie les pains.

Et telle est en réalité, je l'espère, la marche que va suivre, et que suit dès à présent, l'histoire des peuples européens. »

Ces mêmes idées, nous les retrouvons dans le *Commentaire sur l'Évangile selon saint Matthieu*, suite de méditations sur les divers chapitres de cet Évangile. On peut cependant facilement y trouver l'ensemble des idées politiques et sociales de l'auteur :

Le Christ, en venant sur la terre, nous a apporté la solution de la question sociale, et il l'enseignait à ses disciples, lorsqu'il leur apprenait à prier :

En la terre comme au ciel signifie que, dès cette vie même, sur cette terre même, Dieu doit régner de plus en plus : la lumière, la justice et la paix grandiront.

Que dire de ceux qui, récitant chaque jour cette prière essentielle du chrétien, disent ensuite, quand, après avoir récité, ils parlent : « Non, le monde ne peut pas changer. Il ne peut pas y avoir de progrès : décadence continue, c'est l'avenir du monde. »

O notre Père, que votre volonté soit faite en la terre comme au ciel : qu'en la terre votre volonté règne, non pas un peu, mais comme au ciel : qu'elle règne, non d'un règne arrêté, mais d'un règne croissant, qui prenne toujours le ciel pour modèle et pour but ; d'un règne qui s'efforce toujours de grandir, de s'accomplir, afin qu'à chaque instant la voix universelle puisse toujours répéter : Avançons ! approchons ! et que sa volonté soit faite en la terre comme au ciel.

Le progrès social doit donc venir ; mais il ne viendra que par l'Évangile :

Je vous dis, ô amis, que depuis le commencement du monde, le monde souffre, la création gémit et l'humanité cherche, soit parce qu'on attendait l'Évangile, soit parce que, l'Évangile venu, on ne l'a pas assez compris et appliqué. L'œuvre de Dieu, telle qu'il l'a conçue et voulue, n'était pas achevée, parce qu'elle ne peut s'achever qu'avec nous et pour nous, et que nous n'avons pas jusqu'ici bien compris ce que Dieu veut.

Dieu veut régner, et régner par ses fils.

Il a superposé règne sur règne pour arriver au règne de l'homme, et puis au règne de l'Homme-Dieu, et des frères de l'Homme-Dieu. C'est là la clef de voûte de l'édifice et la fin dernière de l'histoire. Dieu dans l'homme, présent, vivant en toute réalité ; la justice et la vérité incarnées dans la raison et dans la liberté ; c'est le règne nouveau et dernier.

L'ère nouvelle que connaît l'histoire, l'année de la venue du Christ, est le commencement de ce règne. La crise présente du monde est comme le cri universel des choses, qui proclament qu'on ne peut boîter plus longtemps entre la vie païenne du vieux monde, et la vie du règne nouveau, et qu'il faut, en ce point de l'histoire où nous sommes, un progrès décisif du règne de Dieu.

Eh bien ! l'Évangile nous propose, avec surabondance, toute la lumière et toutes les forces nécessaires pour amener cet indispensable progrès. »

Comment se fait-il donc que, dix-neuf siècles après la venue du Christ, le bonheur qu'il venait apporter au monde ne soit pas encore ? C'est que l'homme l'a repoussé. Le progrès demandait la collaboration de Dieu et de l'homme, et l'homme a refusé sa part de travail. Les puissants de la terre, sentant que l'Évangile va mettre un terme au règne de la force brutale, s'efforcent d'étouffer la parole divine. Et le P. Gratry condamne avec indignation toutes ces puissances terrestres qui se liguent contre le royaume de Dieu, aussi bien la « détestable folie du pouvoir absolu » que la démagogie qui déforme les plus belles idées de l'Évangile et les met au service de la plus odieuse des tyrannies. Puis il met en regard ce que devait être un gouvernement chrétien.

« Il y a encore aujourd'hui, en Europe, des potentats antiques qui disent : Je suis l'élu de Dieu, de droit divin je possède cette nation. Et l'homme qui parle ainsi a le pouvoir de commander demain l'égorgement d'un peuple. O Dieu ! le fera-t-il demain ?...

... Il y a aujourd'hui, comme toujours, un progrès que Dieu veut. C'est un progrès de justice et de liberté dans toute la société humaine.

Et il y a les pharisiens, les princes des prêtres, les anciens et les scribes du progrès de la liberté.

Or je ne pense pas que jamais le monde ait vu scribes et pharisiens plus odieux, plus aveugles et plus féroces. Lisez l'histoire de la Terreur.

Ceux-là se tiennent pour uniques possesseurs du pressoir de la liberté, et ils n'ont, certes, jamais hésité à chasser, à lapider et à tuer quiconque ose venir leur demander, au nom de Dieu, au nom de l'homme, la moindre part du fruit de la vigne, la moindre goutte de liberté. Ils le disent tous les jours : nous vous tuerons, disent-ils, et nous écraserons le Christ jusqu'à ce qu'on n'en parle plus. Et l'héritage sera pour nous.

Le jour où ils ont eu la force, leur principale affaire fut d'abattre des têtes par milliers.

Les voilà, aujourd'hui encore, sous nos yeux. Écoutez-les : liberté pour nous, non pour vous ; justice pour nous, mais non pour vous. Ainsi parlent en ce moment même les anciens et les scribes du progrès de la liberté. Ces hommes ont-ils jamais admis une idée qui ne vînt pas d'eux, ou toléré un mouvement qui ne fût pas réglé par eux ?

Ne peut-on donc espérer que la race de ces pitoyables tyrans s'éteindra ?...

Est-il donc impossible de croire qu'un âge viendra, sur notre terre, où les grandes folies, les grands aveuglements et les grandes iniquités et atrocités cesseront ; un âge où la sanglante fureur des guerres et la cruelle folie du luxe, et la détestable folie du pouvoir absolu ; où les iniquités impies du servage et de l'esclavage, et les mille formes de la spoliation, et violente et savante ; où l'organisation du mensonge par la force écrasante de la presse ; où l'effroyable aveuglement qui méprise et oublie Dieu ; où l'entraînement général des grossières et mortelles passions, débridées et lancées par l'ignorance et l'impiété ; où tous ces douloureux crucifiements du Christ auront enfin cessé, non pas absolument et dans chaque âme, mais du moins dans l'ensemble des sociétés humaines. Gloire à Dieu ! j'espère toutes ces choses. Frères bien-aimés qui vivrez alors, souvenez-vous de moi, et priez Dieu pour moi...

Ceci bien entendu, j'espère qu'un jour la vie évangélique pénétrera dans la vie des Etats. Il y aura de réels progrès politiques et sociaux, progrès de justice et de liberté, de dignité, de paix et de stabilité. « Les rois des nations les dominent, dit l'Évangile (*dominantur eorum*), et les grands font peser sur eux leur pouvoir (*potestatem exercent in eos*). Qu'il n'en soit pas ainsi parmi vous. » Donc il n'en sera plus ainsi parmi nous. Il n'y aura plus, dans le monde chrétien, de dominateurs d'hommes, plus de grands faisant peser leur pouvoir sur les peuples. L'inique inégalité cessera. Les grands alors seront grands de la vraie grandeur, par le travail, par le courage, par les services rendus aux hommes. Il y aura de vrais « ministres » et de vrais « serviteurs » des nations, ce sont les termes évangéliques : *ministres* et *serviteurs* qui seront les plus grands devant Dieu et devant l'histoire, parce qu'ils seront les serviteurs des autres : ministres en effet et serviteurs que les nations pourront choisir, élever, révoquer, comme une famille choisit ses serviteurs et en dispose. Les chefs des peuples ne possèderont plus les peuples, mais ils les serviront, s'efforçant d'imiter, dans l'ordre politique, le Christ, qui, dans l'ordre éternel, « est venu pour servir, et non pas pour être servi. » Ils auront la joie et l'honneur de servir les nations par le travail, le génie, le courage, et seront fiers de rester chaque jour dépendants de la patrie, leur mère.

Sous cette vraie forme de ministère on verra le mal et l'abus, qui partout renaissent chaque jour, expulsés chaque jour par voie d'imperceptible révolution. Et ce mouvement continu de progrès et de réparation, loin de briser l'État, sera la cause de sa stabilité. Ce mouvement vrai, comme celui de la terre, laisse immobile l'axe et le centre. Alors commencera enfin l'inviolabilité réelle du centre, condition première de la vie, faute de laquelle on sait des peuples qui tombent du mal caduc tous les quinze ans. Alors commencera cette royauté impersonnelle, permanente, immuable, qui ne meurt pas, qui est sacrée, et qui, drapeau vivant de la patrie, est saluée avec enthousiasme par tous, et défendue par tous jusqu'à la mort. »

Les obstacles qui s'opposent à ce progrès, ce sont encore ceux qu'il signalait avec insistance dans le *Catéchisme social*: le vol, l'homicide, la débauche, le mensonge, l'asservissement à l'argent: en un mot, c'est le péché ; c'est aussi le manque de confiance dans le pouvoir du Christ, toujours vivant et toujours présent parmi nous en son Église :

« Et quel est le mal à détruire ? C'est le péché. Qu'on nous ôte le péché, qu'on nous délivre du péché, et tout est bien. Effacez, ô Sauveur du monde, effacez la haine et le meurtre, le mensonge, l'oppression et la spoliation, la sensualité basse et corruptrice ! Effacez toute laideur morale ! Donnez aux âmes la pleine beauté morale, le courage, la bonté, la clairvoyance, l'amour, l'infatigable ardeur et l'élévation de la vie ! Donnez cela, et vous aurez sauvé le monde...

Prenez pour arme la pauvreté. Il n'y a rien à faire avec des hommes qui n'ont pas vaincu l'or. L'homme qui n'a pas vaincu l'or, s'il n'est lui-même loup dévorant, devient renard au service des loups, mais ne sera jamais apôtre. S'il ne se trouve pas dans un peuple un nombre suffisant d'hommes plus forts que l'or et que l'argent, ce peuple, fût-il le plus éclairé et le plus avancé des peuples, peut, en dix ans, être corrompu, dans l'ensemble, par les maîtres qui disposent de l'argent. Des bataillons réguliers de menteurs peuvent être organisés, et la presse quotidienne peut devenir la plus grande puissance de mensonge qui ait jamais trompé les hommes. La presse alors aurait été donnée aux peuples de l'Europe moderne pour leur cacher l'histoire par du papier, pour envelopper les têtes, et les rendre incapables de voir les choses qui s'opèrent sous leurs yeux. Lorsque les hommes de joie unis aux hommes de proie ont acheté tous les scribes du peuple, le peuple entier est absolument endormi, engourdi, insensible. On le garotte alors, on le dépouille, et on le déshonore, et on le foule aux pieds, sans qu'il sache ni puisse résister. Comprenez-vous, frères bien-aimés, la nécessité absolue qu'il y ait en tout temps, et aujourd'hui plus que jamais, chez tous les peuples, des hommes absolument vainqueurs de l'or et de l'argent ?...

Dégoût du vin nouveau, dont parle l'Évangile, mépris de l'inspiration actuelle, c'est un des grands travers de l'esprit et du cœur humain. Cœur endormi, paresseux ou mort, il préfère ce qui est arrêté, terminé, bien enseveli et orné. Il ne veut pas l'incessante nouveauté de l'esprit créateur, qui nous rappelle et nous réveille à chaque instant ; qui nous montre toujours à nous-mêmes trop attachés, trop incomplets ; qui nous force toujours à la marche, à l'effort, à la prière, et au sacrifice quotidien. Ils veulent le sacrifice une fois pour toutes, et cela dans un point du passé. De là ces longues oppositions au saint sacrifice catholique. Ils ne veulent pas, avec la sainte Église vivante, qu'on le renouvelle tous les jours. Ils admettent les merveilles de Dieu, son intervention, ses miracles, dans le passé, pour une fois seulement, mais non dans le présent et pour toujours. Ils trouvent bon que les prophètes soient morts, mais non qu'ils soient vivants, pour nous emporter avec eux dans leur élan vers l'avenir.

Que l'homme s'efforce donc de rompre les liens qui le retiennent attaché à la terre, et qu'il se consacre sans réserves au service de Dieu. Que tous cherchent avant tout le royaume de Dieu et sa justice. Douze apôtres ont pu répandre le christianisme dans le monde entier : que tous les imitent, et travaillent à préparer le règne de Dieu.

Donc je répète que s'il y avait en Europe un petit nombre d'hommes capables de bien comprendre ce moment de l'histoire et ce point de la lutte, des hommes portant dans l'âme la foi évangélique entière et voyant clairement les rapports de cet évangile du royaume avec l'état présent du monde, il me semble que ces quelques hommes seraient des étincelles qui embraseraient tout. Et l'on verrait la force de ce feu dont Jésus-Christ a dit : « Je suis venu apporter le feu sur la terre : ce que je veux, c'est qu'il s'allume. » Et la foule, masse héroïque et simple, suivrait l'élan comme elle fit aux croisades. La foule suivra lorsque son cœur aura été touché par des voix d'âmes, parlant en pleine clarté au nom de Dieu !

Eh quoi, mon frère, vous ne seriez pas prêt à tout pour être l'un des apôtres de ce grand mouvement !!....

Seigneur ! dans toute l'Europe et chez toutes les nations, bientôt vous ouvrirez les yeux de beaucoup de jeunes hommes, de tous ceux qui ont un cœur, qui cherchent et qui sont libres. Vous ouvrirez leurs yeux à l'âge où vous avez ouvert les miens. Vous en ferez des ouvriers de la justice, de la vérité, de la liberté, de la paix. Vous en ferez des ouvriers de compassion, qui, eux aussi, après avoir pleuré à la vue de tant de souffrances, essuieront leurs larmes, lèveront la tête et viendront, de plus en plus nombreux, pour mettre un terme aux grandes iniquités, essuyer les larmes des pauvres, des faibles, des opprimés, rétablir la lumière, la vue du but et de l'espérance, et hâter cette moisson divine, semée depuis vingt siècles, qui nourrira les hommes d'un pain moins rare et moins amer, qui nourrira les âmes d'une plus abondante et plus efficace effusion de la parole de Dieu.

Frères bien-aimés, jeunes hommes, libres, instruits et riches, oh ! il y a et il y aura parmi vous de moins rares ouvriers. Vous vendrez tout cet avenir matériel de faux biens, de grossiers plaisirs, de paresse immorale, d'ennuis prévus, de mort dénuée de sens ou coupable, et vous travaillerez et vous irez à la moisson.

Frères bien-aimés, jeunes hommes, pauvres, mais bravement décidés, ne craignez rien ! allez, à l'œuvre, allez à la moisson ; allez tout droit, sans même avoir emporté sur vous le moindre morceau de pain. Courage ! l'ouvrier gagne sa nourriture. J'étais des vôtres, et je n'ai pas souffert la faim, sinon peut-être pendant quelques jours, où Dieu même me comblait de joie : jours heureux, les meilleurs de ma vie ! »

Une dernière fois enfin le P. Gratry développe ses théories dans *La Morale et la loi de l'histoire*. Il les appuie par une nouvelle sorte de preuves, tirées cette fois de l'histoire et de l'examen des événements contemporains.

Il est incontestable, prétend-il, que l'humanité marche de progrès en progrès : l'homme se rendra d'abord maître de la nature par la science, puis il se dominera lui-même, et enfin sur la création toute entière il rendra possible le règne de Dieu. Nous avons en ce moment parcouru la première étape, la science nous rend maîtres de l'univers ; saurons-nous maintenant vaincre tous les obstacles, et nous conformer à la loi de l'histoire? Mais quelle est cette loi ? quels sont ces obstacles ?

La loi de l'histoire est celle dont l'Évangile a dit : « Voici la loi, *hæc est enim lex.* »

Or cette loi n'est autre chose que la simple, universelle et primitive dictée de la conscience et de la raison, dont l'Évangile donne ainsi la formule : « Tout ce que vous voulez que les hommes fassent pour vous, faites-le pour eux, *omnia ergo quæcumque vultis ut faciant vobis homines, et vos facite illis.* »...

Voilà toute la loi de l'histoire, et en même temps toute la loi morale...

Par la soumission à la loi, soumission qui suppose déjà la possession implicite et de la vérité et de la liberté, l'homme ira vers la connaissance claire, scientifique et savante de la vérité et par la claire connaissance de la vérité, au développement efficace de la liberté.

L'obstacle, c'est toujours celui que le P. Gratry signalait dans ses précédents ouvrages : le vice, avec tous les maux qu'il entraîne : le vol, et surtout sa forme la plus honteuse, le vol de l'homme par l'homme, l'esclavage ; l'homicide et la guerre ; la débauche et la dépopulation qui en est la conséquence directe.

Où trouver la force qui peut résister à ces fléaux ? Le Christ est venu nous l'apporter, en nous donnant l'Évangile :

Je vois d'abord dans les premiers siècles une vigueur morale magnifique contre le mal. Je vois un très grand nombre d'hommes se retourner absolument, et marcher avec un courage héroïque, jusqu'à la mort et à travers la mort, contre le mal et les ténèbres. Des hommes, radicalement nouveaux et absolument *convertis*, vivent en sens contraire du vieux monde. Ils meurent au lieu de tuer. Ils donnent leur vie au lieu de prendre celle des autres. Ils donnent leur travail et leur bien, au lieu de dévorer le travail d'autrui. Loin d'écraser les plus faibles par l'esclavage, eux, qui sont les plus forts, se font les serviteurs de tous. C'est évidemment la pratique, héroïquement surabondante, de la loi nécessaire et fondamentale de la vie : « Tout ce que vous voulez que les hommes fassent pour vous, faites-le pour eux. » C'est le contraire du vice ; c'est l'évidente abolition du mal, l'infaillible pratique du vrai bien. Voilà la voie, la vérité, la vie. C'est une vigueur de sobriété, de justice, de continence, de tempérance, de chasteté, qui était impossible à l'homme, et que l'homme ne soupçonnait pas. Voilà le commencement de l'ère nouvelle. »

Comme jadis, nous sommes à une époque où l'humanité doit choisir sa voie : ou bien elle suivra la loi, et elle ira à la liberté, s'attachant à la justice et rejetant la tyrannie des passions et de l'argent ; ou bien elle s'abandonnera au vice, et ses plus nobles aspirations n'aboutiront qu'à de lamentables échecs ; c'est ce que démontre un examen attentif de l'histoire du siècle dernier, et particulièrement de l'événement qui le domine tout entier, la Révolution Française :

« Et d'abord, je vois dans la Révolution un progrès du royaume de Dieu proposé à la France et à l'humanité...

Une généreuse audace était venue aux hommes : l'audace de vouloir faire régner sur la terre et l'évidente justice et l'évidente raison. C'était un fruit, dans la conscience chrétienne, de ce reproche évangélique : « Pourquoi ne jugez-vous pas par vous-même les choses de la justice ?... »

Le P. Gratry rappelle alors la généreuse initiative de Louis XVI demandant à la nation de lui exprimer ses désirs : puis, il nous résume ainsi ces vœux : égalité et suppression des privilèges ; décentralisation administrative; liberté politique reposant sur ces quatre principes : le Roi est inviolable ; les ministres sont responsables ; la nation vote l'emprunt et l'impôt ; la nation fait la loi avec la sanction du roi.

« Tels étaient donc les articles de l'unanimité, inconnus aujourd'hui de la France, et qui s'appellent les principes de 89, principes de tradition et de raison, d'ordre et de liberté, de progrès et de légitimité s'il en fut, le plus solide fondement qni fut jamais du droit positif d'une nation.

Car, entendons-nous bien, je n'appelle pas principes de 89 les opinions absurdes proposées par les sophistes et les rhéteurs à la pensée unanime de la France, puis inoculées à quelques têtes « à coups de guillotine », comme on l'a dit alors.

Je ne connais d'autres principes de 89 que les principes voulus par tous nos pères, proclamés par tous les cahiers et déclarés, dès le premier jour, articles d'unanimité par l'Assemblée constituante.

Et c'est là en effet notre droit public pour toujours : droit conforme à la morale éternelle et à l'esprit de l'Évangile, justifié par la science, décrété par toute la nation, et qui subsiste écrit par la main de la France entière...

Si cette volonté unanime n'avait pas été, tout aussitôt et jusqu'aujourd'hui, foulée aux pieds par les tyrans, la France serait depuis un siècle la lumière des nations au lieu d'en être le scandale...

Les violents d'en bas, dès le premier jour, inoculent au grand mouvement de 1789 le caractère de la violence. Au moment où la nation n'a plus qu'une volonté, ils versent le sang dans les rues... *Le peuple a conquis la Bastille* ; *le peuple a porté quatre têtes sur des piques.*

Depuis ce temps, le vrai souverain de la France n'est plus la France : c'est l'émeute retranchée dans Paris ! C'est l'émeute qui, en dernier ressort, gouverne depuis un siècle notre patrie. Un groupe anonyme de violents, d'insensés et de malfaiteurs, troupe fortuite, variable, possédant, pour gouverner la France, bien moins de titres et de vertu et de capacité, que n'en avaient les traitants et les dragons de Louis XIV : cette troupe, lorsqu'elle est retranchée dans Paris,— ailleurs, ce ne serait absolument rien, — cette troupe est appelée le peuple !

Le *peuple* ! c'est-à-dire trente millions de Français ; et le peuple, c'est-à-dire cinq cents misérables décidés à verser du sang : voilà les deux objets que la stupidité publique identifie, parce que l'œil ne voit qu'un mot, parce que l'oreille n'entend qu'un son !...

Reconnaissons que le premier bandit qui porta une tête sur une pique, et qui fut impuni, qui, par un lâche et sacrilège mensonge, fut appelé le peuple est celui qui a vaincu la France de 1789, et qui a reculé, d'un siècle ou deux, le progrès de justice et de liberté qu'elle voulait.

Mais alors nos tyrans stupides posaient en principe la violence, et ils la consacraient théoriquement, et comme base constitutionnelle, par la formule connue : « L'insurrection est le plus saint des devoirs. »...

La violence commence, comme toujours, par la spoliation, et bientôt elle arrive au meurtre.

Voici comment on procède. Oubliant qu'on vient d'abolir la distinction des ordres, on la restaure tout aussitôt, en fait, pour établir que deux de ces ordres sont hors la loi, et que l'on peut saisir et confisquer leur bien...

De quels droits ? Depuis quand l'État dispose-t-il de la propriété des citoyens ? *La propriété est sacrée*, disiez-vous hier, comme la vie et la liberté de chaque homme. Mais un instant après, je ne vois plus que spoliation, confiscation, incarcération, déportation, massacres et décapitation ? Qui donc a fait mordre la poussière à la France, et la laisse baignée dans son sang ?

Et là se trouve la grande faiblesse, le grand aveuglement de la Révolution, et la cause principale de ses cruels mécomptes. Elle crie : « Justice ! justice ! » et elle repousse, comme étant l'obstacle, l'unique instrument de justice qui soit au monde : l'Évangile et la Croix.

Mais si librement l'homme accepte la loi, il ira rapidement vers le progrès : progrès politique d'abord, et c'est pour le P. Gratry l'occasion de nous exposer le système de gouvernement qu'il croit être le meilleur :

Et c'est là la voie politique, et la forme que doit prendre et prendra cet irrésistible avènement de la démocratie, que l'on annonce parfois comme devant être la fin des sociétés par le déluge humain. La science sociale, et la nature des choses, font entrer peu à peu tout le mouvement dans cette voie, et feront entrer dans cette forme la démocratie grandissante. Il ne peut y avoir de démocratie plus tendue et plus radicale que celle de S. Thomas d'Aquin, qui pose, comme première règle de paix sociale et d'amour de tout le peuple pour la constitution, cette formule : « Que tous aient quelque part au gouvernement du pays, et que tout citoyen soit éligible à tout : *Ut omnes aliquam partem habeant in principatu.* » Aucune démocratie ne peut aller plus loin, c'est là la limite idéale. Or cette forme, décrite par notre grand théologien, déjà conçue dans l'antiquité, et dont on trouve le type dans l'ancienne loi, et qui de plus vit et grandit en Angleterre, peut entrer et se développer tout entière dans la démocratie de l'avenir, sans détruire la monarchie, c'est-à-dire l'unité et la stabilité ; sans détruire l'aristocratie, c'est-à-dire le pouvoir nécessaire de l'expérience, de la science, de l'âge, de la sagesse et du travail accumulé. Et cette constitution capable de donner à un grand peuple la vie d'ensemble, et qui donne à tous, non seulement la liberté, mais quelque part dans le gouvernement, réalise ces paroles d'Évangile : « Les rois des nations les dominent, et les grands de la terre les tiennent en leur pouvoir : qu'il n'en soit pas de même parmi vous. »

De même l'homme doit réaliser le progrès social ; et les réformes que demande le P. Gratry sont déjà celles que réclameront les catholiques sociaux. Son rêve est toujours de voir disparaître le paupérisme ; mais de plus il expose quel doit être le rôle des associations : coopératives de consommation et de production, sociétés d'épargne, sociétés de secours mutuels ; il réclame la réduction du nombre d'heures de travail (il était alors d'au moins douze, souvent plus de quatorze) ; il demande, partout où cela sera possible, le remplacement de l'usine par le travail en famille : et si ce vœu ne peut-être mis à exécution, il exige la séparation des sexes dans les ateliers, la protection morale de l'ouvrière. Quand tout cela sera fait, l'humanité sera bien près de la perfection.

Quant à moi, quelque lointain que soit cet avenir, je l'aperçois. Oui, j'aperçois de grandes nations soulevées tout entières, et décidées à supprimer au milieu des cités, comme au sein des campagnes, et les haillons et les tanières, qui tuent les hommes dans la fièvre, la misère et la faim. Je les vois soulevées avant tout contre les haillons du vice et de l'ignorance, causes premières de ces maux.

Je vois les belles cités où le plus pauvre des habitants travaille de ses mains sous l'humble toit qui est à lui, au milieu du même ciel et de la même lumière, et de la même verdure et des mêmes fleurs que les plus riches palais.

Je ne vois plus rien là que l'on puisse appeler *basse classe*, ni cette masse grossière, ignorante, sans avenir et sans espoir, qu'on nommait autrefois *populace*. Je ne vois là que des hommes cultivés, graves et dignes, capables de prendre part, comme électeurs ou comme élus, à la vie et au gouvernement de la commune et de l'État.

C'est alors que tous les hommes seront vraiment

frères; mais que de là on n'aille pas conclure à l'internationalisme : la patrie est sacrée, et tout ce qui lui porte atteinte est un crime impardonnable, aussi bien la conquête et le démembrement d'une nation que la guerre civile et le coup d'État.

Toute révolution, en d'autres termes, toute guerre civile, est à la fois désastre et crime. Briser la constitution du pays, renverser le gouvernement par l'émeute, pour amener le progrès politique et social, c'est même chose que de jeter une montre sur le pavé pour la régler...

Oh ! qu'il est temps, pour la France surtout, de sortir de la double folie, dictature et révolution, où nous nous débattons, sauf trente années, depuis un siècle ! Plus de révolutions ! plus de constitutions brisées, de gouvernement renversé ! Quelles que soient nos institutions actuelles, il faut les prendre telles qu'elles sont, comme point de départ ; et puis, par une lutte incessante, intelligente et courageuse, sous la loi telle qu'elle est, les conduire où elles doivent aller. Donc, s'il s'agit, par exemple, de la nature et de l'organisation des pouvoirs, il faut partir du point même où nous sommes, quel qu'il soit, et de là, sans révolution ni violence, voir le but et marcher au but, savoir : *Plein et entier gouvernement de la nation par la nation...*

L'invasion des Barbares signifie, parmi nous, depuis longtemps l'avènement de la démocratie, avènement inévitable aux yeux de tous. Mais, si l'invasion des Barbares transformés par le christianisme a été le salut du vieux monde, pourquoi n'en serait-il pas ainsi de la démocratie ?

En effet qu'appelons-nous démocratie ? Serait-ce le pouvoir absolu posé sur une masse uniforme d'individus bien égalisés ? Ceci n'est point démocratie, mais dictature. C'est le retour à l'antiquité, le césarisme, négation de l'histoire moderne, abolition de l'ère nouvelle ; c'est l'empire romain, le Bas-empire, la plus basse, la plus honteuse et la plus désastreuse des formes politiques.

La démocratie que j'espère est celle où tous les citoyens prennent part au gouvernement du pays par *l'élection* et par *l'éligibilité*, et où tout le gouvernement est bien celui de la nation par la nation, et non plus par un homme, ni par un groupe.

La démocratie que j'espère n'est autre chose que le développement ultérieur de cette *société chrétienne* « que les plus grands esprits de l'antiquité n'ont pu prévoir », et que les grands esprits de notre temps sont trop longs à prévoir dans le détail des développements nouveaux que l'Évangile peut lui donner. Pourtant ils les attendent et ils les veulent, et souvent même ils les annoncent.

L'augmentation du nombre des hommes libres, libres de l'esclavage du vice et de l'erreur ; l'accroissement du nombre des citoyens capables de se gouverner eux-mêmes, dans le respect des lois, et de participer au gouvernement de l'État, voilà ce que j'appelle l'avènement de la démocratie.

Tel est donc l'avenir qui nous est réservé ; mais il ne faut pas oublier que ces progrès ne peuvent se réaliser que par le Christ ; et tous ceux qui voudraient tourner contre l'Église les grandes idées de liberté, de fraternité, de justice, qui nous viennent d'elle, ne sauraient aboutir à un résultat durable : la loi morale posée par Dieu lui-même, c'est bien véritablement la loi du progrès, la loi de l'histoire.

L'apôtre.

Combien a été féconde l'action du P. Gratry sur tous ceux qui l'ont entouré, nous ne le saurons que le jour où sera publiée toute sa correspondance. Mais nous pouvons déjà voir que, partout où il passait il entraînait les âmes vers Dieu : il savait faire naître dans les âmes les vocations ecclésiastiques : du collège Stanislas il a appelé le P. Lescœur, de l'école Normale S. E. le cardinal Perraud et le P. Cambier. Et combien d'autres, sans aller jusqu'à se donner ainsi tout entiers, lui ont dû un nouvel essor de leur foi ! Car jamais il n'oubliait ses amis, et, s'associant à leurs joies comme à leurs peines, il leur rappelait les vérités éternelles, en des lettres débordantes d'ardeur et d'affection.

Oh ! que Dieu soit avec vous de plus en plus ! Oh ! que vos chères âmes soient aussi de plus en plus avec la vôtre. Elles sont là, très au fond de vous, comme Dieu lui-même, qui est encore plus au centre de votre âme. Mais *voir* Dieu clairement et voir les âmes, c'est la félicité de la vie à venir. Ici l'on entrevoit et l'on pressent. Il faudra de grands progrès de l'humanité pour qu'en cette vie la lumière augmente sur ce point. Si l'on avait une foi pleine, et une charité pleine, si l'on savait bien que le but de la création, de toute la vie et de toute l'histoire, c'est l'union des âmes entre elles et avec Dieu, si l'on savait que chaque jour, chaque effort, chaque sacrifice doit tendre à ce but, et que nous sommes un beau cortège en marche vers l'éternel banquet de l'éternelle communion, la tristesse écrasante cesserait pour faire place à la divine joie qu'eurent toujours Jésus et sa mère Marie, même à travers le sacrifice. Et dans cette joie secrète et intime, compatible avec les saintes larmes, on sentirait et on entreverrait Dieu et les âmes bien plus qu'on ne le peut aujourd'hui (1).

Il n'épargnait pas non plus ses efforts pour ramener à Dieu les grandes âmes qui s'étaient écartées de lui.

(1) Lettre publiée par la *Revue Montalembert*, 25 janvier 1911.

Nous avons déjà dit que la conversion de La Moricière est due à *La Philosophie du Credo*. De même, Augustin Thierry, prenant la main du Père Gratry, prononçait ces paroles : « Monsieur le curé de Saint-Sulpice, je vous prends à témoin qu'aujourd'hui j'institue et j'installe M. l'abbé Gratry comme mon directeur de conscience. C'est lui maintenant qui répondra de moi. » Et cette conversion était si profonde que ce « rationaliste fatigué », ainsi que se qualifiait lui-même l'illustre historien, disait quelque temps après : « Je ne vois aucune bonne raison contre la religion catholique. Quant aux préceptes de l'Église, tout y est bon, raisonnable, salutaire, *tout, jusqu'aux moindres pratiques* : l'on n'en peut omettre aucune sans avoir à le regretter. »

Une autre des âmes que le P. Gratry mit tous ses soins à conquérir fut Alfred de Vigny. Ils s'étaient connus au moment où le P. Gratry posait sa candidature à l'Académie française, et depuis l'Oratorien avait pris à cœur de convertir le poète, ne négligeant aucun moyen de le convaincre :

> Parce que vous êtes au lit, vous craignez de me recevoir. Mais je ne suis pas un étranger. Vous recevez bien le médecin ! Eh bien ! quelqu'il soit (surtout s'il est grand médecin, il comprendra ceci) je suis peut-être plus médecin que lui. Comment peut-on perdre le précieux temps de la maladie, en ne l'employant pas à la régénération religieuse ! Et la régénération religieuse de l'âme, je l'ai scientifiquement constaté dix fois, *très souvent* régénère le corps, ou du moins le ranime, le guérit pour longtemps. La plus grande force des hommes, les hommes la laissent dormir en eux, ou à côté d'eux !...

Ce dut être pour lui une joie que d'apprendre la dernière parole du poète qui avait cependant résisté à tous ses efforts : « Je suis catholique, et je meurs catholique. » Il était en droit de croire que ses lettres n'avaient pas été sans effet, et que cette âme avait ressenti, comme tous ceux qui l'approchaient, l'influence qui venait de lui, influence de lumière et de paix.

La ligue de la paix. — Le concile du Vatican.

Les dernières années. — La mort.

Une occasion fut bientôt donnée au P. Gratry de travailler à la réalisation d'un de ses vœux les plus chers : l'établissement de la paix universelle. Dès 1861, dans son volume de *la Paix*, il signalait la guerre comme l'un des principaux obstacles au règne du Christ, et flétrissait les grandes iniquités dont il la rendait responsable : massacres d'Arménie, démembrement de la Pologne, asservissement de l'Irlande. Et cependant, pensait-il, la guerre disparaîtrait vite, si tous les hommes de bonne volonté prenaient la résolution bien arrêtée de la rendre impossible.

Supposez un instant les peuples européens consacrant à la pacification de la terre, à l'organisation du globe dans la justice, autant de forces qu'ils en ont consacré aux dernières grandes guerres d'où nous sortons. Supposez que l'on ait décrété cet effort pacifique, autant que l'homme peut porter ce décret, sous l'œil de Dieu, en priant Dieu de le bénir ; puis supposons que la même constance, la même patience, la même quantité de courage, de dévouement, de sacrifice, que le même nombre d'hommes, le même génie des chefs, la même union de tous, et le même nombre de vaisseaux, et le même nombre de milliards, soient appliqués à l'organisation du globe dans la justice et dans la paix ; je demande si quelqu'un ose dire qu'un tel effort restera vain ; je demande si quelqu'un croit pouvoir annoncer où devraient s'arrêter les conséquences d'une pareille impulsion ?

Un tel effort allait-il être fait ? Le P. Gratry le crut un instant. En 1867 une *Ligue internationale de la Paix* venait d'être fondée. Comme les questions religieuses n'étaient pas mises en jeu, des hommes de toutes confessions, catholiques, protestants, juifs, et des libres-penseurs s'étaient réunis pour travailler fraternellement en vue de leur commun idéal. Mais, alors que l'autorité ecclésiastique ne voyait pas sujet d'intervenir, des journalistes crurent bon de dénoncer les catholiques qui faisaient partie de la Ligue. Ces attaques étaient particulièrement dirigées contre le P. Gratry. On provoqua l'intervention de ses supérieurs. Il en souffrit cruellement. Bien que l'œuvre lui parût chrétienne d'inspiration et qu'il lui fut douloureux de voir échouer ses projets, il n'hésita cependant pas à se retirer (1).

Bientôt après, le 8 décembre 1869, s'ouvrait le Concile du Vatican ; le P. Gratry se trouva mêlé aux polémiques engagées autour de l'infaillibilité. On aurait pu croire qu'il allait s'en faire le défenseur, lui qui dans *la Connaissance de Dieu* avait écrit : « Presque tous les catholiques croient en théorie, et tous admettent en pratique que le Souverain Pontife, jugeant solennellement, *ex cathedrà*, en matière de foi ou de mœurs, est infaillible. » Il n'en fut rien. Ses attaches le portaient du côté de ceux qui jugeaient inopportune la définition de l'Infaillibilité. La question était encore libre : en hâte il se jeta dans dans la mêlée, et au début de 1870 paraissaient ses quatre *Lettres*. L'effet en fut désastreux. Le P. Gratry n'avait pu se livrer à une étude assez approfondie de la question, et son argumentation reposait sur des erreurs historiques. Mgr Deschamps, Dom Guéranger, A. de

---

(1) Son influence ne s'en est pas moins fait sentir : il s'est fondé depuis une société pacifiste sous le nom de *Société Gratry*. Elle a pris récemment le titre de *Ligue des catholiques français pour la paix*, mais sans cesser de reconnaître ce qu'elle doit à l'illustre Oratorien.

Margerie eurent beau jeu à démolir sa thèse, cependant que d'autres adversaires s'acharnaient sur sa personne. Après la *quatrième Lettre*, il se vit obligé de quitter l'Oratoire.

Il sortait meurtri de cette polémique, si imprudemment engagée. Dès que le dogme fut proclamé, il se soumit sans arrière-pensée, et il rendit publique cette soumission. Il songeait même à réparer ses erreurs par une étude mieux documentée que ses lettres; Dieu ne lui en laissa pas le temps. Sa santé était ruinée, ses forces l'abandonnaient, il pouvait à peine écrire quelques mots. Répondant à Dœllinger qui lui reprochait sa soumission il disait :

Je sais profondément ce que je sais, et j'adore la vérité seule. Je vous demande d'être absolument convaincu de cela. Je le démontrerais d'une manière éclatante, si je pouvais travailler. Mais ce billet épuise à peu près ma force d'une journée. Dites cela au P. Hyacinthe. Je le répète fièrement : *Serviteur et adorateur de la vérité seule*, voilà ce que je suis depuis mon enfance jusqu'aujourd'hui.

Les derniers mois se passèrent dans d'horribles souffrances, à Montreux, où il était venu soigner une tumeur. Sa sœur et ses deux disciples les plus chers l'assistèrent dans son agonie, et recueillirent ses dernières paroles :

Tous les hommes sont frères, mais absolument frères, parce qu'ils sont tous rois et tous dieux : première vérité.

Deuxième vérité : Ils deviennent bientôt pour la plupart, Caïns, fils du diable, Satans, ennemis des hommes et de Dieu, sans liberté et incapables de liberté.

Mais ils retrouvent la liberté royale et la divinité par l'adoption en Jésus-Christ.

Comment cela peut-il se faire ?

Par un unique moyen. C'est qu'un homme peut mourir pour les siens, un roi peut mourir pour un peuple, et le dernier des mystères de la vie éternelle, c'est qu'un Dieu peut mourir pour un Dieu.

Le 7 février 1872, le P. Gratry mourait dans le calme et la paix, au milieu des siens, comme il l'avait toujours souhaité, et il allait prier Dieu pour ses frères, ainsi qu'il l'avait écrit dans son testament :

Je laisse à tout être humain que j'ai jamais salué ou béni et à qui j'ai jamais adressé quelques paroles d'estime, d'affection ou d'amour, l'assurance que je l'aime et bénis deux ou trois fois plus que je ne l'avais dit.

Je lui demande de prier pour moi, pour que j'arrive au royaume de l'amour où je l'attirerai aussi par l'infinie bonté de notre Père.

J'étends ceci à tous mes amis inconnus et à venir, et aussi loin que Dieu me permet de l'étendre, *omnibus hominibus* (Saint Paul).

Je les salue tous devant Dieu, je les bénis du fond du cœur, je leur demande de prier pour moi, et j'espère que je serai près d'eux, et avec eux, après ma mort plus que pendant ma vie !

Et à revoir auprès du Père.

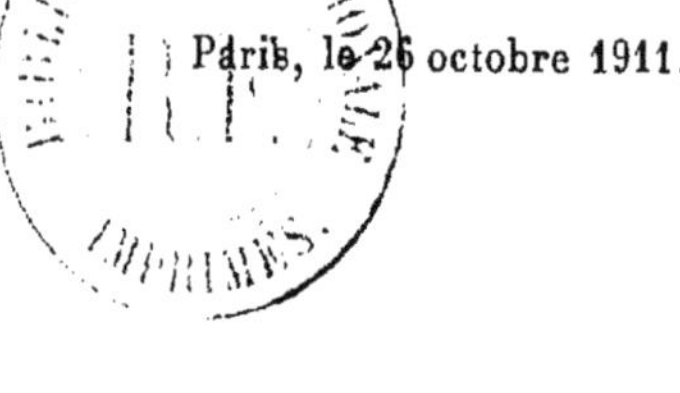

Paris, le 26 octobre 1911.

Imp. Leroy, 485, rue de Vanves. Paris.

Le Christianisme et l'Empire romain, de Néron à Théodose, par M. Paul ALLARD. *Septième édition.*

Histoire des Dogmes : I. La Théologie anténicéenne, par M. J. TIXERONT, doyen de la Faculté catholique de théologie de Lyon. *Sixième édition.*

— **II. De saint Athanase à saint Augustin** (318-430). *Troisième édition.*

Anciennes Littératures chrétiennes : I. La littérature grecque, par Mgr Pierre BATTIFFOL. *Quatrième édition.*

Anciennes Littératures chrétiennes : II. La littérature syriaque, par M. Rubens DUVAL, professeur au Collège de France. *Troisième édition.*

L'Afrique chrétienne, par Dom H. LECLERCQ, bénédictin de Farnborough. Deux volumes. *Deuxième édition.*

L'Espagne chrétienne, par Dom H. LECLERCQ, bénédictin de Farnborough. *Deuxième édition.*

L'Angleterre chrétienne avant les normands, par Dom Fernand CABROL, abbé de Farnborough.

Les chrétientés celtiques, par Dom L. GOUGAUD, bénédictin de Farnborough.

Le Christianisme dans l'Empire perse, sous la dynastie Sassanide, (224-632) par M. J. LABOURT, docteur en théologie et docteur ès-lettres. *Deuxième édition. Ouvrage couronné par l'Académie des Inscriptions et Belles-Lettres.*

L'Église byzantine de 527 à 847, par le R. P. PARGOIRE, des Augustins de l'Assomption. *Deuxième édition.*

L'Église et l'Orient au moyen âge : les Croisades, par M. Louis BRÉHIER, professeur d'histoire à l'Université de Clermont-Ferrand. *Troisième édition.*

Le grand Schisme d'Occident, par M. L. SALEMBIER, professeur à la Faculté théologique de Lille. *Quatrième édition.*

L'Église romaine et les origines de la Renaissance, par M. Jean GUIRAUD, professeur à la Faculté des lettres de Besançon. *Ouvrage couronné par l'Académie française. Quatrième édition.*

Les origines du Schisme anglican (1509-1571), par M. J. TRÉSAL. *Deuxième édition.*

Chaque volume in-12. Prix : 3 fr. **50.**

www.ingramcontent.com/pod-product-compliance
Ingram Content Group UK Ltd.
Pitfield, Milton Keynes, MK11 3LW, UK
UKHW021031180726
13838UKWH00004B/1741